V 407
5.a.

MÉMOIRES D'ARCHITECTURE.

ARCHITECTONOGRAPHIE
DES PRISONS.

A PARIS,
DE L'IMPRIMERIE DE CRAPELET,
RUE DE VAUGIRARD, N° 9.

ARCHITECTONOGRAPHIE
DES PRISONS,

OU

PARALLÈLE DES DIVERS SYSTÈMES DE DISTRIBUTION
DONT LES PRISONS SONT SUSCEPTIBLES,

SELON LE NOMBRE ET LA NATURE DE LEUR POPULATION,
L'ÉTENDUE ET LA FORME DES TERRAINS.

DÉDIÉ

A SON ALTESSE ROYALE

MONSEIGNEUR LE DAUPHIN,

PAR BALTARD,

ARCHITECTE DE LA BASILIQUE DE SAINTE-GENEVIÈVE ET DES PRISONS, MEMBRE HONORAIRE
DU CONSEIL DES BÂTIMENS CIVILS AU MINISTÈRE DE L'INTÉRIEUR, MEMBRE DU CONSEIL DES TRAVAUX PUBLICS DE PARIS,
PROFESSEUR DE THÉORIE D'ARCHITECTURE A L'ÉCOLE ROYALE DES BEAUX-ARTS;

AUTEUR DE L'OUVRAGE IN-FOLIO, *PARIS ET SES MONUMENS*, etc., etc.

A PARIS,
CHEZ L'AUTEUR, AU PALAIS DES BEAUX-ARTS,
RUE DES PETITS-AUGUSTINS;

ET CHEZ LES PRINCIPAUX LIBRAIRES DE FRANCE ET DE L'ÉTRANGER.

1829.

A SON ALTESSE ROYALE

MONSEIGNEUR LE DAUPHIN,

GRAND-AMIRAL DE FRANCE,

PRÉSIDENT DE LA SOCIÉTÉ ROYALE POUR L'AMÉLIORATION DES PRISONS.

Monseigneur,

La touchante bienveillance, les pensées généreuses de Votre Altesse, *cette active bonté qui se plaît à encourager le zèle de qui s'honore de participer à l'amélioration des prisons, me fait espérer qu'elle daignera se rappeler que j'ai eu le bonheur de contribuer par des travaux de quelque importance, à la restauration des bâtimens des prisons, sous le Magistrat qui préside à toutes les choses d'utilité publique, comme aux embellissemens de la ville de Paris.*

Ces travaux, et les études qui les ont préparés, m'ont mis à portée de comparer et de mettre en parallèle les divers modes de distribution dont les prisons sont susceptibles, selon leur spécialité, leur population, l'étendue ou la forme des terrains qui leur sont affectés, et d'en réunir les plans dans un recueil sous le titre d'Architectonographie.

Si Votre Altesse daigne accueillir l'hommage de ce Recueil avec indulgence, cette flatteuse distinction deviendra pour son auteur une noble récompense, et un encouragement à la publication d'autres Mémoires d'Architecture, dont les élémens sont réunis.

Je suis avec un profond respect,

DE VOTRE ALTESSE ROYALE,

MONSEIGNEUR,

Le très humble et très obéissant serviteur,
BALTARD.

Paris, juin 1829.

FRONTISPICE

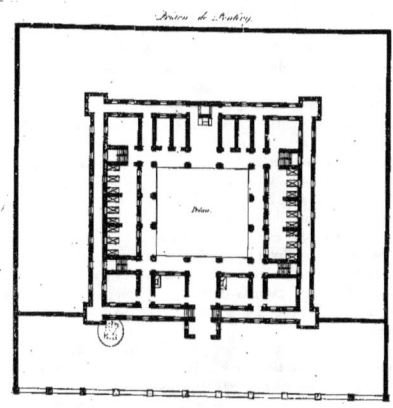

ARCHITECTONOGRAPHIE
DES PRISONS.

La restauration et la construction des prisons ont fixé l'attention publique; les hommes les plus distingués se sont réunis comme un faisceau de lumière, comme une source de bienfaisance; encouragés par la volonté royale, protégés par un Prince humain qui préside à leurs travaux, ils ont soulevé le voile dont le temps avait couvert l'ulcère de tous les vices que l'ignorance, la misère et la superstition ont répandus dans tous les États, et dont la France, par l'heureuse direction de leurs soins, parviendra à détruire les effets.

Ils détruiront jusque dans leur principe ces vices qui, quoiqu'invétérés dans les habitudes populaires, sont loin d'être dans la nature, et qui n'ont besoin que d'être observés dans leur naissance et dans leurs effets, pour qu'il devienne possible d'appliquer le régime nouveau propre à leur substituer les habitudes d'ordre, et la pratique des vertus nécessaires à l'existence et au bonheur des peuples; habitudes et vertus qui fondent la prospérité et la stabilité des États.

Tel est le vœu, telle est l'attente générale.

Les prisons, considérées sous un aspect nouveau, et régies d'après les vues persévérantes d'une haute bienveillance, ne seront plus que des hospices créés comme garantie de la sûreté publique, dans ce sens que le mode de leur institution le sera de la guérison des infirmités morales du peuple.

Mais il ne suffit pas que le zèle et la philanthropie des dignitaires de la nation concourent à cette œuvre de justice et de bonté; il peut être utile d'y faire concourir ceux qui, par leur expérience, peuvent éclairer des points de détail qui doivent être moins familiers aux hommes d'État, habitués à traiter toutes les matières grandement, et dans la mesure de l'étendue de leur génie.

Au milieu des plus importantes questions, n'aurait-on pas à porter un examen attentif sur le défaut de concordance de quelques unes de nos lois avec les droits de l'humanité?

Si on reconnaît en effet que les lois de police et quelques articles des lois criminelles ont un caractère oppressif et avilissant, qui pèse sur l'existence des prolétaires qui composent la masse de la population qu'elles semblent atteindre exclusivement dans tous les états; si d'autre part, on pouvait supposer qu'elles n'ont été consenties que transitoirement sous l'influence des préjugés, et même dans l'abandon des droits de l'humanité; qu'elles n'ont été souvent que des décrets dictés avec un sentiment d'amertume; décrets qui, il faut le dire, peuvent être justifiés par la haine du vice qui a pu contribuer à les mettre en crédit; si l'on doit penser cependant qu'ils agissent en sens opposé au but qu'on se proposait en les dictant, qu'ils ne frappent qu'avec l'accent de la vengeance, et que l'aggravation des peines n'est dans les lois qu'une aberration inhumaine, on serait forcé de reconnaître que ces lois, dans leur application, sont loin de la première pensée du législateur, qui doit n'avoir voulu atteindre le coupable que pour prévenir de sa part de nouveaux attentats; que pour sauver à la société de nouveaux préjudices : enfin que pour ramener les hommes vicieux dans les voies de l'ordre dont ils avaient pu s'écarter.

Si la loi n'était qu'un acte de vengeance, et n'inspirait que la terreur et le désespoir; si loin d'être paternelle, et de corriger les égaremens, elle ne laissait, au lieu du repentir, dans le cœur des malheureux frappés par une condamnation, de place que pour le découragement et la haine des garanties sociales, la loi, il faudrait l'avouer, serait mauvaise. Et alors si elle n'était tempérée dans ses rigueurs, aucun des efforts généreux de la philanthropie ne parviendrait à cicatriser entièrement l'ulcère moral qui mine le cœur des condamnés.

En définitive, si la loi, peu en harmonie avec les droits de l'humanité et avec les besoins de la société, pouvait toujours être regardée comme un manifeste de guerre contre le crime, contre l'égarement, l'ignorance et la faiblesse humaine, elle serait à la vérité un acte de puissance juste à quelques égards, mais aussi sans garantie dans beaucoup de cas.

Si ces observations considérées hypothétiquement pouvaient être fondées, n'en résulterait-il pas la nécessité d'une révision de quelques articles du code criminel, et d'une refonte générale du régime intérieur des prisons, par lequel au lieu de l'humiliation, du mépris, des rigueurs inutiles et des travaux sédentaires et affaiblissans, on ranimerait le moral des condamnés par de bonnes règles de conduite : on exciterait leur courage et leur émulation par des occupations fructueuses, et on leur préparerait des ressources pour l'avenir. Cette assurance, en les préservant des influences pernicieuses du séjour des prisons et du mauvais exemple des hommes endurcis, serait une sauve garde contre toute rechute.

Les sentimens généreux n'ont point de bornes; ainsi dans les vœux formés en faveur des prisonniers et pour atteindre le vice jusque dans sa source première, se trouve cette sollicitude pour le pauvre, et pour toutes les infortunes. Aussi les hommes de bien invoquent-ils l'époque heureuse où le sort des hommes livrés à un travail journalier sera mis sous la protection d'institutions protectrices et légales, et où leur infortune cessera d'être une des causes de cette dépravation qui, si souvent, conduit à des désordres répréhensibles.

Des tentatives faites dans la vue de remédier à des maux du même genre n'ayant été que des bienfaits particuliers, ne peuvent être les modèles d'une institution légale qui réunirait la généralité des enfans de l'infortune, ou ceux que l'imprudence des pères abandonne sans guide, sans instruction, à tous les dangers de la dissipation ou de l'indiscipline, dont les promenades et les places publiques sont couvertes, et où, livrés à la mendicité, à la paresse et au jeu, ils y essaient la fourberie, le vol, et toutes les dépravations dont souvent ils achèvent l'apprentissage dans les prisons.

Pour guérir cette plaie des sociétés modernes, nos lois sont-elles suffisantes, et les mesures de police ne sont-elles pas imparfaites?

Ne faut-il pas de plus suivre l'enfant jusqu'à l'adolescence, et rendre le père responsable de ses fautes au moins jusqu'à l'âge de puberté?

Ce n'est qu'à l'aide d'institutions complètes et austères qu'on extirperait le germe des défauts qui conduisent les enfans audacieux vers le crime. Elles étoufferaient la superstition, qui tarit la source des sentimens affectueux, et qui dessèche le cœur. Elles imprimeraient l'amour de l'ordre et l'émulation dans le travail et dans les actions de la vie. Elles feraient un devoir religieux du respect pour les lois et de la reconnaissance pour les biens que nous tenons du Créateur, ou que nous recevons de nos semblables.

On peut, sans crainte d'être démenti, avouer l'insuffisance de nos lois pour assurer à la France la garantie de tant de vertus, dont la pratique est si nécessaire cependant pour assurer une noble existence à la masse des peuples.

De cette remarque, il résulte que les mesures adoptées jusqu'à ce moment, pour améliorer les prisons, n'ont répondu qu'avec insuffisance aux vues de l'administration et aux intentions des gens de bien. Mais, à la vérité, ces mesures, circonscrites dans des moyens bornés, n'ont pu s'étendre jusqu'à la source du mal, ni prévenir les effets de cette dépravation profonde, qui devient si constamment le triste et effrayant partage des hommes qui ont subi une première condamnation.

Ce n'est pas assez, pour la restauration des prisons, que tout ce qui tient au régime soit réglé avec prévoyance, il faut en outre que la disposition des bâtimens favorise l'exercice de la discipline intérieure, et à cet égard on doit faire remarquer que c'est aux gens de l'art à traiter cette matière sous le rapport de la distribution, toutefois et nécessairement d'après un programme précis, où chaque chose soit définie et discutée préalablement à l'exécution pour être mise jusqu'à l'entier achèvement à l'abri de ces critiques irréfléchies et prématurées si décourageantes et si nuisibles au perfectionnement des travaux.

Peut-être n'est-il pas hors de propos de faire ressortir la nécessité de donner aux édifices un caractère conforme à leur destination, et surtout de les construire avec des matériaux durables, pour qu'ils parviennent à la postérité, dont nos neveux recueilleraient pendant des siècles les heureux fruits.

La grandeur, l'ordre, et une sorte de splendeur dans les édifices publics, n'est pas une chose indifférente : elle n'est pas sans influence sur la civilisation.

Pour se faire une juste idée de cette influence, qu'on se reporte à la profonde impression que produisirent sur les peuples les monumens romains de tout genre, érigés en Italie et dans les Gaules; qu'on se rappelle combien fut grande et rapide l'influence de ceux que le christianisme éleva sur les ruines des antiquités romaines; et plus près de nous encore, quelle haute opinion ne concevons-nous pas en observant ces édifices de tout genre qui ont fait l'illustration des arts et la puissance de la nation dans le siècle de Louis XIV. On y reconnaîtra cette même influence, et la puissance du génie de ce siècle; on se demandera enfin quelles seraient les exclamations de nos économistes du jour, si on leur proposait d'ériger un édifice semblable à celui de l'hôtel royal des Invalides, qui, dans son ensemble, dans ses détails, dans son administration intérieure, inspire la plus profonde vénération !

En résumé, sans vouloir faire sortir les édifices du genre de ceux dont on s'occupe avec tant de sollicitude en faveur des détenus, de la limite des convenances, on doit former le vœu qu'à des vues moins restreintes que celles auxquelles on est peut-être forcé de tenir en ce moment, on puisse en substituer de plus fixes, et que les dépenses en changemens annuels, en réparations de vieilles bâtisses, fassent place à un système de restauration invariable, dont les plans généraux et particuliers soient largement conçus, médités et discutés profondément, invariables dans toutes les parties de leur destination, et dont la construction suivie avec persévérance devienne honorable pour l'État et pour les hommes qui en auraient préparé et assuré l'achèvement.

Quant aux architectes, ils ne pourraient que difficilement donner des plans utiles avant que la pensée des magistrats ait pu se fixer sur l'étendue des réformes que l'on peut obtenir.

L'autorité d'une part, et l'architecte de l'autre, ont donc à savoir si les prisons doivent être combinées dans la vue de l'adoucissement des peines, et dans un système nouveau d'amendement des coupables, et en conformité d'une législation qui, remontant vers l'origine des vices du peuple, devienne un principe régénérateur des vertus qu'il doit pratiquer.

Mais comme ce système n'existe encore que dans la pensée, il est nécessaire, pour ne pas rester dans une funeste route, de rechercher dès à présent les principaux élémens de son existence future; d'en déduire les conséquences, et, en considérant le problème comme étant résolu, au moins en principe, baser le nouveau mode de distribution des prisons sur un programme analogue aux nouvelles idées qu'on pourrait s'en former par la suite. Il est donc à propos de poser et de discuter d'avance quelques unes des questions sur la réorganisation générale des prisons, et pour cette preuve de zèle en faveur de l'humanité, obtenir le pardon de cette sorte de témérité.

En reportant les regards vers le passé, on voit que si les tentatives faites à diverses époques, pour améliorer le régime des prisons, ont été quelquefois incomplètes, on ne peut en accuser que les circonstances; il faut faire remarquer aussi, que le sort des détenus est bien moins déplorable qu'il ne l'était il y a un demi-siècle, mais que l'état moral des repris de justice, à la sortie des prisons ou des bagnes, n'a point cessé d'avoir des effets désastreux, et qu'il est encore, pour la société, une cause de constantes inquiétudes.

Dans les prisons, il est un principe permanent de désordre honteux : c'est l'immoralité des jeunes détenus et la dépravation profonde des hommes âgés. Ces désordres ont bien été le sujet de quelques mesures de police et un objet d'attention pour les magistrats, mais ils n'ont pas encore été réprimés avec succès.

La dégradation honteuse des uns et des autres fait naître une question fort délicate à traiter, et à la discussion de laquelle on ne sait trop quelle limite poser. Il est aussi difficile de la résoudre, que de faire de sa solution une application utile aux mœurs et à la sûreté des détenus.

Les hommes d'une constitution robuste, et qui sont dans un état de santé habituel, ont dans le célibat une exubérance de force qui, étant un don de la nature, ne peut être réprimée que difficilement, et qui, dans la situation journalière des prisonniers, peut devenir la cause de beaucoup de désordres et le principe de maladies graves.

La continence outre nature ainsi que la débauche, peuvent également avoir des suites dangereuses.

Est-il des moyens propres à les réprimer?

Calmer les passions par des occupations prédominantes, par des travaux rudes qui exigent une grande dépense de force, mais prescrits cependant avec mesure, tel serait le palliatif au mal qui vient d'être signalé comme une conséquence de la grossièreté et de la brutalité de la plupart des détenus : de cette brutalité qui reçoit une nouvelle excitation par la vie sédentaire, condition rigoureuse de l'état de détention.

Le régime à substituer à la police pratiquée dans l'intérieur des prisons, nécessiterait de grands changemens au système de distribution des bâtimens.

La législation actuelle, si elle était maintenue intégralement, laisserait peu d'espoir à ces perfectionnemens; car, dans la vue de prévenir le crime et ses récidives, la loi a voulu, mais sans succès à quelques égards, que les peines infligées aux coupables qu'elle atteint *portassent, par l'exemple, la terreur dans l'âme des faibles disposés à l'égarement.* Elle a pris un caractère de sévérité contraire à cette impassibilité qui doit en être le premier attribut : l'opinion a beaucoup contribué à en accroître les rigueurs. La perversité de quelques individus a fait taire la bienveillance : elle a fait supposer dans les réfractaires aux lois des sentimens raisonnés, qui, dans l'opinion, pourraient aggraver leurs crimes, si la supposition de l'existence de ces raisonnemens dans les criminels était fondée.

Cependant, telle était la pensée de Beccaria, lorsque, dans son *Traité des Délits et des Peines*, il dit, page 160 et suivantes, traduction de Colin de Plancy, deuxième édition :

« C'est seulement par une bonne éducation que l'on apprend à déve-
« lopper et à diriger les sentimens de son propre cœur. Mais quoique les
« scélérats ne *puissent se rendre compte à eux-mêmes de leurs principes,*
« *ils n'en agissent pas moins d'après un certain raisonnement.* Or, con-
« tinue-t-il, voici à peu près comment raisonne un assassin, ou un
« voleur, qui n'est détourné du crime que par la crainte de la potence
« ou de la roue.

« Quelles sont donc ces lois que je dois respecter, et qui laissent un si
« grand intervalle entre le riche et moi? L'homme opulent me refuse
« avec dureté la légère aumône que je lui demande, et me renvoie au
« travail qu'il n'a jamais connu. Qui les a faites, ces lois? Des hommes
« riches et puissans, qui n'ont jamais daigné visiter la misérable chau-
« mière du pauvre, qui ne l'ont point vu distribuer un pain grossier à
« ses enfans affamés, et à leur mère éplorée. Rompons des conventions
« avantageuses seulement à quelques lâches tyrans, mais funestes au plus
« grand nombre. Attaquons l'injustice dans sa source. Oui, je retour-
« nerai à mon état d'indépendance naturelle, je vivrai libre, je goûterai
« quelque temps les fruits heureux de mon adresse et de mon courage.
« A la tête de quelques hommes déterminés comme moi, je corrigerai
« les mépris de la fortune, et je verrai mes tyrans trembler et pâlir à
« l'aspect de celui que leur faste insolent mettait au-dessous de leurs

« chevaux et de leurs chiens. Il viendra un temps de douleur et de re-
« pentir, mais ce temps sera court; et pour un jour de peine, j'aurai joui
« plusieurs années de liberté et de plaisir. »

Ce raisonnement sophistique peut-il paraître juste en quelque chose? N'est-ce pas plutôt une déclamation romanesque, trop loin de la vérité pour mériter d'être analysée et contredite.

Une telle logique serait tout au plus spécieuse pour ce petit nombre de scélérats favorisés par la fortune dans le cours de leurs brigandages.

Comment le pervers pourrait-il se dire : *Attaquons l'injustice dans sa source*. Comment pourrait-il conclure et s'avouer « qu'il viendra peut-
« être un jour de douleur et de repentir, et que, pour un jour de peine,
« il aura joui de plusieurs années de liberté et de plaisir. »

Quel plaisir, et quelle étrange liberté! s'il est peu de jouissances pour l'homme de bien, comment en peut-il être pour le misérable en guerre avec tout ce qui l'entoure?

Est-ce avec le sentiment inquiet d'une conscience troublée? est-ce avec l'inquiétude que doit inspirer au crim... el l'action toujours présente de la surveillance publique qui proclame d'avance sa condamnation, qu'il peut jouir de quelque plaisir? Et en supposant son audace long-temps impunie, comment peut-il se croire libre devant la menace d'un châtiment redoutable toujours suspendu sur sa tête?

Pour échapper aux remords et à la crainte des châtimens, il faut que le scélérat, par un enchaînement de circonstances extraordinaires, ait vécu au milieu des dissensions civiles, qui, dans l'interrègne des lois, laissent la dépravation germer dans les cœurs des hommes grossiers, et que, dans la durée de l'anarchie, il y ait contracté l'habitude de violences toujours impunies.

Mais ces exemples sont rares et ne peuvent entrer en parallèle avec les faits qu'il importe de constater.

Si l'on veut trouver les moyens de ramener les hommes de leurs éga-remens, il faut rechercher et analyser les causes qui les entraînent hors des règles de la justice : ce qui serait mieux encore, ce serait de leur faire connaître le bien et les avantages attachés à l'observation de ces règles.

Il faut donc s'assurer si la plupart de ceux qui se laissent entraîner vers le crime, n'y sont pas conduits presqu'à leur insu; s'ils ne tombent pas d'un désordre dans un autre par absence de raisonnement, et surtout par le manque de toute éducation, par de mauvais exemples; par la force des passions, qui, dans leur dérèglement, précipitent celui qui se laisse aveugler par elles dans un gouffre infernal.

Comment l'homme sans instruction, et sans moyens, sans intérêt d'en acquérir, échapperait-il aux dangers de sa position? Comment choisirait-il entre les exemples de modération, si rares parmi les hommes grossiers, et la brutalité habituelle dans cette classe? Ne tiendra-t-il pas la modération en mépris comme une faiblesse et une lâcheté, tandis que la force active dont il peut faire usage sera préférée? S'il est robuste et fort, il abusera de cet avantage, il deviendra injuste : une suite d'actes impunis le conduiront peut-être à devenir cruel.

Tel n'est pas le raisonnement, mais l'effet de l'abus de la force chez les hommes grossiers et sans instruction : réduits à l'état de brutes, ils n'ont besoin pour être mis en action vers le bien, ou vers le mal, que du sentiment des avantages présens qui peuvent résulter de l'une ou de l'autre de ces directions.

Si au contraire par une éducation élémentaire, ou plus élevée, suivant leurs moyens, vous développez en eux les sentimens de justice et d'équité; si vous leur faites connaître leurs droits et leurs devoirs, et là nécessité de l'ordre et du travail, vous aurez étouffé le germe des vices, vous aurez fait naître l'émulation de la vertu; enfin vous les aurez rendus à la dignité humaine.

On ne saurait trop insister sur ces principes. Ils sont conformes aux vœux de la nature et à l'intérêt de la société.

Ce qu'on dit des classes inférieures s'applique également aux classes plus élevées.

Sans instruction, l'homme reste avili sous le poids de son être; il trompe la volonté du Créateur, qui l'a doué de facultés intellectuelles pour les exercer, et pour les faire tourner à son bien-être et à l'avantage de ses semblables, qui le lui rendront avec usure.

La nature a voulu que l'homme fût heureux par le travail : les besoins qu'elle lui a imposés en ont été le véhicule. Ces besoins s'accroissent par la jouissance afin que ce principe d'action ne perde rien de son activité.

Le travail est toujours profitable à celui qui s'y livre, et il est le principe productif de la prospérité commune. Ainsi, celui qui néglige de produire, par un travail quelconque, devient à charge à la communauté; car, en ne rendant pas à la consommation un produit équivalent au moins à la part qu'il absorbe, il devient un sujet d'inquiétude et de perturbation; il déchoit, il devient importun à lui et aux autres.

C'est par ces motifs, et à raison de ces dangers, qu'on doit, en imposant à tous l'obligation du travail, assurer les moyens de la remplir : ainsi, on doit à l'orphelin ou à l'enfant, à titre d'hospitalité justement réclamée, un refuge, de l'instruction pour lui servir de guide dans le cours de sa vie; et enfin un métier garant d'un heureux avenir et du repos dans sa vieillesse.

Si l'on parvenait à créer des institutions de ce genre, convenables aux différens degrés de la hiérarchie sociale, et à faire jouir les citoyens de chacune de ces catégories de tous les biens qui doivent leur être répartis, le pauvre, jouissant enfin de sa part dans cette répartition, serait rendu à sa dignité d'homme, et l'on verrait alors de combien de qualités et de vertus ces prolétaires laborieux sont capables.

On sait, depuis des siècles, combien l'industrie manœuvrière est productive lorsqu'elle est encouragée, et dans quelle immense proportion elle contribue à la richesse et à la puissance des États.

On sentirait l'effet de son affranchissement, on applaudirait à sa courageuse constance, et comme on voit les soldats pendant la guerre, on verrait les hommes industrieux s'élever, par un sentiment d'honneur et par émulation, à des degrés supérieurs, pour y réparer les pertes et le vide que l'indolence et l'incapacité occasionnent dans les rangs élevés, et dans ceux-ci renaîtrait et se développerait un principe nouveau d'ambition, de gloire et d'activité; ce principe gagnant de proche en proche, et s'élevant vers les sommités de la société, offrirait, comme dans une immense pyramide, des degrés inférieurs reposant sur la terre, pour servir de base aux degrés intermédiaires au-dessus desquels s'élèverait le sommet qui brillerait dans les cieux; et la question d'un ordre immuable serait résolue.

La voie est encore bien incertaine pour parvenir à un tel résultat : en chemin se trouvent les préjugés, l'orgueil et les abus.

Toutes les méditations de la sagesse, toute la puissance de circonstances favorables, ne peuvent qu'avec beaucoup de temps rompre les allures des nations, et inoculer dans les masses la pratique des vertus qui leur sont propres. On ne le peut que par la direction constante et l'influence d'une législation dont les élémens existent, mais qui ne sont point encore coordonnés.

En attendant, il faut temporiser avec notre législation et nos préjugés, se borner à amoindrir les causes des désordres dont nous sentons les effets, et à faire disparaître la lèpre de la pauvreté, de l'ignorance et de la paresse, répandue à diverses mesures sur tout le sol de la France.

C'est donc dans la limite des améliorations possibles, à l'instant même, qu'il faut borner l'emploi des moyens que la bienfaisance met journellement en réserve.

C'est une position transitoire, dont il faut tirer tous les avantages qu'elle comporte.

Dans la situation actuelle, on remarque que, malgré les améliorations qui ont été introduites dans les prisons, des abus ou des usages peu convenables s'y sont perpétués.

1º Dans les maisons centrales de détention on exerce un monopole sur le travail des prisonniers. Les entrepreneurs des travaux, peu sensibles à la peine et à l'altération des forces et de la santé des détenus, s'attachent plus à ce qui est avantageux à l'entreprise qu'à seconder les vues du Conseil royal des prisons. Il en résulte que les salaires sont trop faibles, et qu'ils ne laissent aux prisonniers qu'une masse de réserve insuffisante à leur sortie, et qui est trop promptement dissipée.

2°. L'instruction que reçoivent les prisonniers dans quelques maisons est peut-être trop souvent dogmatique. Des préceptes de conduite appropriés à la situation des détenus seraient sans doute préférables jusqu'au moment où leur entendement, ouvert à des vérités plus élevées, les préserverait contre les dangers de la fausse route où l'ignorance, les passions et la misère auraient pu les entraîner.

3°. Il est en outre, dans l'état actuel, des résultats funestes sous plus d'un rapport, qui excitent des réclamations dont les échos se reproduisent de toutes parts, et auxquels enfin il est instant de porter remède. Ces résultats sont l'effet de l'état d'avilissement qui poursuit les prisonniers à leur sortie des prisons centrales et des bagnes, et de leur situation désespérante, par l'abandon où ils sont laissés, et l'espèce de persécution qui les suit jusque dans leur commune, où ils se trouvent signalés par une disposition réglementaire de surveillance de la police, qui peut être bonne dans son principe, mais qui peut être aussi dangereuse dans son application.

Ainsi, d'une part, ils sont poursuivis par les cinq années de cette surveillance qui leur assigne une résidence; et de l'autre, ils sont repoussés par le préjugé, trop fondé sans doute, qu'un malheureux condamné, qui sort des prisons, est plus pervers encore qu'il ne l'était lorsque sa condamnation l'y avait conduit.

Cette réprobation le détermine ou à enfreindre son ban pour se faire remettre dans les chaînes et jouir ainsi de la seule ressource qui se présente à la pensée, du pain des prisons, s'il n'est pas entièrement perverti; ou bien, il rejoindra des camarades d'évasion pour menacer encore l'ordre et la sûreté publique, en se livrant à de nouveaux attentats ou à des crimes qu'il n'eût jamais commis sans l'alternative où se trouve le forçat à l'expiration de sa peine.

De tels résultats méritent une attention particulière et un prompt remède.

On sait en outre quel doit être le désespoir des malheureux prisonniers qui, après avoir subi toutes les rigueurs d'une longue détention, sortent des prisons avec la rage dans le cœur, avec le sentiment importun et douloureux que la flétrissure renouvelle et présente à leur pensée pendant le jour, qui les poursuit dans le sommeil, qui dessèche pendant le reste d'une misérable vie, toute sensibilité, et qui ferme l'accès aux remords qui eussent pu tempérer les effets du séjour des bagnes; séjour funeste, qui imbibe dans tous les sens des forçats la plus horrible dépravation.

Tel est cependant la fin du plus grand nombre des condamnés à long terme.

Peut-on faire qu'il n'en soit pas ainsi? C'est ce qui mérite un examen attentif.

S'il est vrai que l'habitude soit une seconde nature, on en pourra conclure que l'homme livré au vice depuis longues années ne peut être ramené dans la voie de l'équité : mais on ne doit pas moins admettre cette proposition : Viciez le naturel, il revient par la force même de la nature, qui tend constamment à rentrer dans ses voies.

De ce rapprochement de deux proverbes opposés, on peut déduire ce corollaire, que si le vice peut dégénérer en habitude et dénaturer l'homme enclin au mal, ce qui n'est rigoureusement vrai que par exception, on peut croire aussi que le vice n'étant dans l'homme que comme une dépravation, on peut toujours l'attaquer et le vaincre partout où il se rencontre. La preuve en est dans ces exemples d'hommes vicieux qui d'eux-mêmes se sont transformés en quelque sorte comme le serpent qui se revêt d'une nouvelle peau, pour reprendre la vie et l'éclat de la jeunesse : ces hommes qui, changeant de position, d'intérêts ou de passions, ou qui, par des causes accidentelles, ont subi une métamorphose honorable pour l'humanité, sont la preuve qu'en multipliant ces causes sous diverses combinaisons appliquées à l'état, à l'âge, aux défauts à corriger, on pourrait ramener les condamnés à des idées exactes de ce qui est juste, à une conduite régulière et à de bonnes mœurs.

Le plus difficile serait peut-être dans le choix de ceux à qui seraient confiés ces soins régénérateurs, dont une institution toute philanthropique aurait tracé les devoirs, et qui concevraient bien qu'une haute renommée de vertus est indispensable pour assurer le succès d'une telle institution.

S'il est possible de remédier à l'indifférence de quelques classes inférieures de la société pour tout ce qui tient à l'honneur, à la délicatesse des sentimens et des mœurs; s'il est possible de les soustraire à l'entrainement de cette grossièreté, de cette brutalité à laquelle elles s'abandonnent avec une sorte d'ostentation, et qui conduit quelques individus souvent au crime, et dans les prisons, où les vices s'aggravent journellement, ce serait assurément par une éducation populaire.

Par elle, le vice cesserait de se propager ; cette éducation ferait germer dans les jeunes cœurs toutes les idées de justice, l'amour de l'ordre et du travail; par elle, on refoulerait ces honteux sentimens de convoitise qui dessèchent l'âme et qui empêchent d'apprécier les avantages de la médiocrité ; avantages dont le peuple est plus capable de sentir le prix qu'on ne saurait le penser. Il devrait ce véritable bien au sentiment habituel de la modération, sentiment régulateur qui devrait lui être inspiré.

Sans modération, le pauvre jette un regard d'envie sur ce qu'il ne possède pas : bientôt il cède au désir de se l'approprier; il fait taire les reproches de sa conscience, en se mentant à lui-même, et à l'aide de ces capitulations admises par qui veut enfreindre la morale et les lois, il devient indifférent pour la vertu; la haine de tout ce qui lui est supérieur entre dans son cœur, et donne naissance à l'indiscipline; sa convoitise s'accroît, elle le corrompt; il devient vicieux, il se précipite dans le crime.

Quoique cette marche soit rapide, elle a cependant ses gradations; et si quelquefois les pervers se montrent inopinément, s'il est des exemples de dépravation spontanée, ces exemples sont trompeurs, car dans la nature il n'existe point de spontanéité : la foudre elle-même n'est-elle pas accumulée dans le nuage avant que l'éclair ait frappé notre vue?

Il importe d'autant plus d'inculquer dans l'esprit du peuple cette vertu de la modération, qu'elle peut devenir le premier élément de son bonheur; car, en lui faisant mieux apprécier ce qu'il y a d'honorable pour un bon ouvrier, d'être un des membres nécessaires à la prospérité commune, il se conformera à sa destinée; il sera heureux.

En créant cette morale populaire, en rendant à de nombreux citoyens le sentiment de leur dignité, on aura fait germer dans les cœurs plus d'une vertu, et les vices qu'enfantent l'ignorance et la misère, les vices qui se perpétuent par la démoralisation, seront à jamais bannis.

Les qualités de l'esprit et du cœur, les talens, surgiraient comme les fleurs des prés au sein d'une terre vierge; une activité nouvelle répandue par l'union de toutes les classes et par une bienveillance réciproque, porterait au plus haut degré la prospérité et la puissance du royaume.

Si ce n'est pas dans un jour, et sans des obstacles difficiles à surmonter, qu'on peut obtenir un tel résultat, on peut du moins en ouvrir la voie.

Partout où l'on plante une tige saine et vigoureuse, s'il y a le moindre interstice pour la végétation, bientôt cette tige s'élève et gagne de proche en proche sur le sol, où elle se fortifie; elle croît, et bientôt protégé par son ombrage les tiges d'alentour. Tels pourraient être les succès d'une bonne éducation populaire, et le peuple deviendrait la pépinière où l'on trouverait ces tiges saines et vigoureuses, fécondes en excellens fruits.

Ainsi, par les améliorations introduites dans les prisons, par des dispositions transitoires, on peut tempérer l'action du vice et amener un retour vers le bien.

Un changement dans les termes peut aussi préparer quelquefois d'heureux changemens dans les idées, et une dénomination nouvelle, substituée aux anciennes, en faisant pressentir l'existence d'un régime nouveau, deviendrait d'une influence morale, dont on ne saurait calculer au juste les bons effets. Des désignations qui n'indiqueraient les prisons que comme des lieux de repentance, où l'on ouvrirait une large voie aux regrets sincères, à l'amendement des fautes, et, en définitive, à la réhabilitation des détenus dans l'opinion de leurs proches, réveilleraient l'émulation, et l'ambition de mériter un heureux avenir.

Des maisons d'épreuve et de refuge deviendraient un moyen de plus de parvenir à corriger les coupables ou à prévenir les récidives.

Les unes seraient ouvertes pour l'amendement des fautes légères, et pour la convalescence morale des détenus qui auraient passé par la maison de repentance, ou pénitenciaire. Les autres, pour ceux des condamnés qui, ayant subi une longue détention, seraient hors de ces maisons exposés à être privés de toutes ressources, sans liaison de parenté ou d'amitié et d'appui, au milieu de leur commune, où ils ne pourraient trouver ni recommandation ni ouvrage.

Dans une organisation nouvelle, et telle qu'on a pu la supposer, on aurait le moyen de donner aux infortunés, pour les aider à bien vivre, un peu d'instruction, et un métier; toutes ces choses, dans la maison pénitenciaire, seraient dirigées vers ce but. On y substituerait aux tristes occupations qui donnent de si minces profits aux détenus, des ouvrages qui demanderaient du mouvement et de l'adresse. On en placerait les ateliers ou les chantiers hors des bâtimens d'habitation.

Le peu d'étendue des emplacemens occupés dans les prisons existantes n'a pas encore permis de proportionner les chauffoirs à leur population; ils y sont trop petits et insalubres; des désordres s'y commettent par l'impossibilité d'y exercer une utile surveillance; et comme c'est surtout hors des ateliers, et dans les momens de repos, que les prisonniers doivent être sévèrement tenus, on peut en conclure qu'il est indispensable de leur procurer un espace suffisant pour qu'ils y soient libres, mais sous les yeux vigilans des gardiens.

Ces chauffoirs, ou plutôt ces abris, devraient être de la plus grande étendue possible, et, dans certaine distribution, ils pourraient occuper tout l'espace vide compris entre les bâtimens; ils seraient alors dans des cours couvertes: un surveillant, placé sur un point élevé, en inspecterait toute l'étendue.

Les dortoirs exigent non moins de prévoyance: on doit les entretenir dans la plus grande propreté, car on ne saurait, pour le repos et pour la santé des détenus, apporter trop de soin à s'y garantir de la vermine qui se propage indéfiniment, soit dans les murs, soit dans les couchettes.

Une grande amélioration dans les dortoirs, consisterait dans l'établissement de lits pliant des pieds vers la tête, et dressés contre les murs, tels que le premier modèle qui en a été fait à la Force, et depuis au dépôt de la police; de nouvelles tentatives démontreraient même la possibilité de les fabriquer en fonte.

Ces lits remplaceraient avec avantage ceux des prisons, et ces couchettes grossières appelées *galiotes*, où les prisonniers couchent plusieurs ensemble.

Les lits pliants ou les lits en fonte seraient plus coûteux sans doute que ceux qui sont en usage; mais n'étant pas sujets à des réparations et à tous les inconvéniens qui sont journellement signalés, il y aurait en définitive de l'économie à les établir.

Des sommiers de crin piqués à petits carreaux, seraient un bon essai à faire; si leur usage était admis, ils remédieraient à la malpropreté que la paille des lits des prisonniers entretient encore dans un grand nombre de prisons où la paille est si rarement renouvelée, où, devenue bientôt pulvérulente, elle n'offre plus qu'un coucher incommode et malsain.

Ces désordres, qui compromettent la santé des détenus, sont permanens dans la plupart des prisons, et le traitement dans les cachots y est encore plus rigoureux.

Les cachots, les violons ou les dépôts attachés aux casernes de gendarmerie sont également négligés.

A la prison de Bicêtre, les cachots ont été l'objet d'une étude particulière. Cette partie des bâtimens en soubassement d'une grande aile a été traitée avec soin et avec tout l'appareil d'une construction fort coûteuse; mais elle est restée insalubre.

Ce soubassement offre une suite de cabanons correspondant à une galerie mi-souterraine où les détenus ne peuvent avoir de communication entre eux ni au-dehors.

Les plus indociles parmi les prisonniers y subissent une punition, qui est pour eux un sujet de terreur.

DE LA SURVEILLANCE.

La surveillance des prisons, cette attention prévoyante et active, si nécessaire au maintien du bon ordre et de la sûreté, exige des qualités dignes d'être appréciées dans les agens à qui cette surveillance est confiée.

Une constante égalité d'humeur; de la fermeté sans rudesse; des égards sans préférences; un œil toujours ouvert sur tout ce qui se passe, sans être dirigé sur un point en particulier; tels sont les devoirs de ceux qui exercent la surveillance dans les prisons.

Est-il facile de réunir ces qualités diverses? Est-il possible de les conserver imperturbablement au milieu d'une population tourmentée d'impatience, et qui, si elle est inoccupée, ne saurait avoir d'autre pensée dominante que celle de se soustraire à une police qu'elle croit toujours oppressive, ou celle de méditer des projets d'évasion.

En admettant, sans réserve, les meilleures dispositions dans l'agence des prisons, ne peut-on pas craindre qu'à la longue cette impassibilité si recommandable ne cède sous l'action réitérée de tout ce qui peut journellement exciter l'impatience des surveillans et en provoquer la mauvaise humeur?

Comment, en effet, les gardiens, les surveillans, ne seraient-ils pas impatiens et brusques envers quelques prisonniers, tandis que d'autres, traités avec moins d'égards, donneraient lieu à des plaintes, à des récriminations qui auraient de graves inconvéniens?

Si généralement on doit des éloges à la bonne conduite de la plupart des employés des prisons, on ne peut nier cependant qu'il ne soit prudent de se prémunir contre ceux de ces gardiens qui pourraient ne pas mériter les mêmes éloges, et qui, injustes ou brutaux, ne craindraient pas d'aggraver par de mauvais traitemens, par d'inutiles sévérités, la gêne des prisonniers.

Il y aurait donc à examiner si on ne pourrait tempérer ce qui peut être un principe de perturbation parmi les prisonniers, l'action permanente des agens actuels, au moyen d'une surveillance d'un autre ordre, telle qu'elle pourrait être en y appelant des soldats vétérans des corps de la ligne.

Ces vétérans valides feraient, sous la direction immédiate des gouverneurs des prisons, un service d'autant plus ponctuel, que la discipline militaire en serait la régulatrice.

Une caserne, pour une petite garnison attachée à chaque prison, permettrait de mobiliser une partie de la population, et de l'employer au-dehors, à des travaux publics sous la garde d'un détachement de cette garnison.

En généralisant cette mesure, ou en l'étendant au moins aux populations nombreuses des maisons centrales, on y trouverait le moyen, par le changement d'air et la nature des travaux, de conserver la force et la santé des détenus, et on obtiendrait, à peu de frais, l'exécution de travaux importans.

Ce mode, à la vérité, devrait être l'objet d'une législation spéciale, qui favoriserait le développement de l'émulation, qui ferait naître dans le cœur des condamnés l'espérance de voir leur détention abrégée, et, dans un heureux avenir, la récompense de leur bonne conduite, de leur intelligence et de leur zèle dans les travaux.

DES PRISONS EN GÉNÉRAL.

De ce qui précède et de l'observation, on peut conclure que, dans tous les temps et chez presque toutes les nations, la justice, trop rigoureuse, n'a pas pesé avec exactitude les avantages et les inconvéniens d'une trop grande sévérité.

En punissant par des supplices *exemplaires* elle n'a produit que l'endurcissement.

Les crimes n'ont point été prévenus, et les coupables, frappés par un châtiment, n'ont point été conduits à un sincère repentir. Enfin, après l'expiration des peines, la société a dû concevoir des craintes par l'effet du désespoir des forçats libérés, qui, sans ressources, sans refuge, ont toujours été abandonnés sur une terre qui leur était devenue étrangère, dans une commune où, repoussés de toutes parts, ils ne pouvaient attendre les secours de l'hospitalité.

Que ce refuge, auquel ils peuvent acquérir des droits par un effet de la commisération publique, leur soit ouvert, et les désordres qui se manifestent à la sortie des bagnes cesseront.

Sans entrer dans le détail de ce que l'expérience et la bienveillance éclairée des magistrats a créé de bon dans les prisons, on jettera un coup d'œil rapide sur ce qu'elles ont été par la suite des idées généralement reçues, soit dans le public, par l'effet d'impulsions peu réfléchies, soit parmi les ingénieurs ou les architectes qui ont été chargés anciennement ou de nos jours de la construction des prisons.

Il en est parmi eux qui ont pu s'égarer par l'exemple de leurs prédécesseurs, et se persuader que les prisons, de même que les châteaux-forts, qui les premiers ont servi assez généralement à renfermer des prisonniers, ne devaient recevoir d'air et de jour que par des barbacanes, ou par des fenêtres étroites percées à travers des murs épais.

Telles ont été, pendant long-temps, les prisons du petit et du grand Châtelet. Elles présentaient l'affligeant spectacle de chambres froides et humides, recevant à peine quelques rayons de lumière, et de cachots entièrement obscurs, où des infortunés périssaient quelquefois avant que l'instruction de leur procès ne fût commencée.

Ces châteaux, ainsi que celui de la Bastille (*pl.* 22), étaient construits dans un système uniforme, et, comme le donjon de la maison royale de Vincennes (*pl.* 23), ils offraient des tours avancées sur des courtines de peu d'étendue. Les deux tours du quai de l'Horloge du Palais peuvent aussi donner une idée de ce qu'étaient celles des deux Châtelets : d'autant plus hideuses au-dehors que, resserrées entre de hautes maisons, elles étaient noircies par la saleté, et qu'au-dedans elles ne recevaient de jour qu'accidentellement.

Ces châteaux et tant d'autres étaient devenus le type absolu des prisons.

Les architectes, entraînés par ces exemples, croyaient convenable de donner aux prisons un caractère et un aspect effrayant, et ils s'attachèrent à composer les façades des prisons dans ces mêmes principes qui sont applicables dans la décoration théâtrale, et propres à inspirer la terreur et à servir de fond à une scène de mélodrame.

C'est ainsi que la porte de la prison de la Petite-Force, rue Pavée, présente une voûte basse, armée de bossages en pointe de diamant; que l'entrée de la prison de Sainte-Pélagie, rue de la Clef, construite postérieurement, n'offre qu'une grande muraille, percée de portes basses et surmontée d'une corniche, où des cylindres en pierre terminés en pointe semblent menacer de leur chute le téméraire qui ose se présenter devant la porte.

Tel est le résultat puéril d'une recherche mal dirigée et d'une forte dépense sans utilité.

C'est dans la même intention que les fenêtres du dehors et des dortoirs à l'intérieur de la Petite-Force, mentionnée plus haut, sont fermées par de gros barreaux, mis en croix à des distances semblables dans les deux sens; ce qui diminue de plus de moitié le champ de l'air et de la lumière.

N'a-t-on pas entendu des magistrats, inspirés par de fausses inductions, vanter comme essentiellement caractéristique ce système de tours, de voûtes, de bossages, de portes surhaussées, et vouloir que tout soit repoussant dans l'appareil de la façade d'une prison ?

Grâces soient rendues au génie bienfaisant qui préside à l'amélioration du régime des prisons et à la création d'un bon système dans leur distribution. Désormais, les convenances et la mesure propre aux diverses parties seront observées dans leur ensemble et dans toutes leurs parties; alors elles seront caractérisées par l'effet de la disposition de leur intérieur et des dehors, ainsi que par leur aspect et les moyens employés pour satisfaire aux besoins de la sûreté et de la salubrité.

Les portes des guichets, au lieu d'être basses, et dangereuses par la nécessité de se baisser pour y passer, seront dans des mesures qui en permettront l'entrée sans être exposé à se blesser la tête. Elles seront fermées par des battans ou volets, qui, en obligeant de tenir la tête haute, faciliteront la surveillance des gardiens sur les entrans ou les sortans de la prison.

Les fenêtres seront de toute la hauteur et de toute la largeur nécessaire pour laisser un libre passage à l'air et à la lumière. Dans les angles les moins aérés, elles ne seront fermées par des barreaux qu'autant qu'il est nécessaire pour le repos pendant la nuit; car la sûreté des prisons dépendra toujours de la surveillance dans le pourtour des enceintes et des chemins de ronde.

Les données principales consisteraient donc à faire circuler l'air et la lumière dans toutes les directions et dans chaque cellule; à proportionner les ateliers, les chauffoirs, les dortoirs, les infirmeries surtout, à la population présumable, et même avec excès d'étendue pour les circonstances graves et inattendues: de telle sorte que la sûreté et la salubrité ne puissent jamais être compromises, et que la surveillance puisse être exercée sans fatigue pour les agens, et sans importunité ou gêne pour les détenus.

Nous aurons toutefois l'occasion de remarquer encore que ces principes de la distribution des prisons ne sauraient être tellement absolus qu'il dût en résulter une disposition uniforme, commune à toutes les prisons, d'autant plus qu'il faut regarder, jusqu'à plus ample examen, comme non résolu, le système dont on trouve la pensée première dans la forme octogonale et à rayons de la prison de Gand (*pl.* 3o).

Cette prison conserve encore toute sa supériorité sur les compositions anglaises, où, à force d'exigence, on est parvenu à mal faire: à cet égard, on pourrait dire que les Anglais portent dans tous leurs ouvrages le génie de la mécanique, qui s'est perfectionnée parmi eux, et qu'ils ont voulu que leurs bâtimens fonctionnassent comme une machine soumise à l'action d'un seul moteur. C'est ainsi que les nations, de même que les hommes, s'égarent quand elles généralisent trop l'esprit de système, qui, lorsqu'il est appliqué avec mesure, est fertile en bons résultats, mais qui dégénère par une trop grande extension à peu près comme les objets qu'on saisit avec précision lorsqu'ils sont vus au foyer d'un verre convexe, et qui tombent dans le vague, se dénaturent, et ne produisent que des aberrations, lorsque, pour embrasser un plus vaste champ, on éloigne l'objet du foyer du verre.

Défendons-nous donc, si nous le pouvons, de généraliser encore le système des panoptiques imités par les Anglais, de la prison de Gand; et garantissons-nous de la théorie des prisons-modèle.

Depuis plusieurs années, on s'est attaché exclusivement au système des panoptiques, sans remarquer ce qu'il peut y avoir d'illusoire dans la surveillance d'un œil placé au centre sur les rayons des bâtimens résultant de ce système de distribution des prisons. On a pensé qu'il était possible, de ce centre, d'en explorer tous les recoins, et l'on a négligé les chemins de ronde.

Dans les plans anglais, ces chemins sont d'une largeur inégale, sans direction constante, ce qui ne répondrait nullement à ce qu'on doit espérer de ce puissant moyen de prévenir les tentatives d'évasion.

Dans leur système, toute la surveillance est donc stationnaire au centre, où il faut qu'elle soit toujours en présence avec un appareil menaçant.

Peut-être la prétendue invention des plans de prisons sous la forme d'un panoptique, eût-elle obtenue moins de crédit, si l'expérience eût permis de voir ce qu'il y a d'illusoire dans le mode de surveillance placée à un centre pour se diriger sur tous les rayons formant la capitale des ailes de bâtimens et les milieux des préaux.

Pour que la surveillance soit efficace il faut qu'elle puisse prévenir les désordres, et à cet effet qu'elle soit immédiate.

Elle ne peut être exercée dans les ateliers, dans les dortoirs, sans la vigilance des chefs d'atelier ou des surveillans de nuit : l'avantage d'un centre commun se borne donc, dans le système, à ramener toutes les relations vers ce centre.

La distribution rectangulaire dans toutes les prisons du second ordre, et surtout dans les maisons d'arrêt, favorise la division par quartiers dans la mesure donnée pour leur population, qui est variable d'un quartier à un autre comme un est à quatre ou à cinq.

Cependant loin de refuser aux panoptiques les avantages réels qu'ils comportent, on doit croire qu'ils sont convenables à toutes les grandes distributions, et surtout dans les prisons centrales, dont la population comporte un classement presque égal dans chacune des divisions. Toutefois, ce ne serait certainement pas la méthode des plans anglais qu'on devrait adopter. C'est la prison de Gand qu'il faudrait imiter; car la disposition de cette prison paraît favoriser plus que toute autre une distribution conforme aux diverses données et aux conditions de sûreté et de convenance qui sont à observer.

La restauration projetée de la partie qui se trouve annexée dans les plans à celle qui a été exécutée, peut être considérée comme la démonstration de la supériorité de la prison de Gand sur celles qui ont été érigées depuis en Angleterre.

C'est ce que la vue des planches fera mieux apprécier.

Le premier plan de prison qui sert de frontispice à cet ouvrage n'a pas été dressé avec connaissance des besoins imposés par le régime des prisons.

Le magistrat qui avait demandé ce plan et plusieurs autres, pour les diverses branches d'administration d'une ville dont il venait de poser les premiers fondemens, n'était point alors préparé à toutes les questions de détail dont on s'est occupé depuis avec une grande persévérance.

Ce plan, avec de légères modifications, pourrait devenir un exemple pour les prisons des villes de sous-préfecture.

Celui qui vient à la suite du discours fut composé quelques années après, mais c'était encore l'enfance de l'art de composer les prisons; cependant en en faisant une application en grand, et dans certaines localités, ou près d'une frontière, on obtiendrait le moyen de renfermer les détenus sous une surveillance toute militaire. Une telle prison, comme point d'appui d'un campement mobile, construite en bois et circonscrite par des ouvrages en terre, fraises et palissades, pourrait devenir le centre des grandes entreprises et d'ouvrages auxquels on ferait travailler une nombreuse population de condamnés.

Au nombre de ces travaux, on peut mettre en première ligne les routes neuves, qui exigent un grand mouvement de terres en déblais et remblais. On citerait, pour exemple, la route départementale à l'orient d'Aubenas, dans l'Ardèche, pratiquée dans la montagne sur un développement de quinze à dix-huit cents toises. Cette route, la plus belle possible par sa largeur et par l'uniformité de sa pente, est aussi commode qu'agréable.

Elle fut exécutée, pendant la guerre, par un détachement de prisonniers espagnols.

Il est d'autres plus grands ouvrages qu'on pourrait entreprendre avec succès, et particulièrement dans les cantons les moins populeux.

Tel serait l'encaissement des fleuves sujets à des débordemens désastreux.

Telle serait aussi la construction des digues dans les montagnes, à l'aide desquelles on formerait de vastes réservoirs, qui, durant la sécheresse des étés, alimenteraient avec permanence les usines, qui, étant alors plus multipliées dans les gorges des hautes montagnes, y favoriseraient les fabrications de tous genres, et répandraient le travail et l'industrie là où une faible population végète dans une sorte de barbarie, d'impéritie et de stupidité.

Au milieu de ces sites agrestes, la civilisation, pour enrichir notre patrie, n'attend qu'une impulsion favorable. Bientôt, par cette impulsion, notre sol serait embelli par des ouvrages aussi grands que ceux que les Romains faisaient exécuter dans les provinces conquises. Pourrions-nous rester indifférens et insensibles à de si grands exemples, être moins intéressés à notre prospérité que les Romains ne le furent à la civilisation et au bonheur des nations qu'ils avaient subjuguées?

En reprenant l'ordre de choses sur les prisons, on doit distinguer les différences qu'on remarque entre elles, soit à raison de leur population, soit à raison de la nature des délits, soit à raison de la durée de la peine imposée aux condamnés.

Il est une autre distinction importante à établir entre les prisons qui doivent renfermer des condamnés et celles qui, sous le nom de maisons d'arrêt et de justice, ne doivent renfermer que des accusés ou des prévenus.

Ces deux dernières classes ne pouvant être détenues que dans la vue d'assurer une marche régulière à l'instruction judiciaire, on doit observer à leur égard tous les ménagemens possibles, d'autant plus que, dans le nombre des accusés, il ne peut manquer de se trouver des innocens, pour qui la détention est une véritable peine non méritée, mais cependant supportée sans espoir de dédommagement, et sans que l'impression défavorable d'un emprisonnement passager puisse être effacée.

La maison d'arrêt ne devrait donc recevoir que les individus pris en flagrant délit.

Dans tous les cas, il faut, pour chacun de ceux qui sont sous le poids d'un mandat d'arrêt, qu'il soit, autant que possible, dans une position peu différente de celle dont il jouissait étant libre; et cette différence serait déjà bien grande par l'effet de la détention.

On ne saurait donc trop insister sur la nécessité de remédier aux mauvaises distributions des maisons d'arrêt, et de les restaurer toutes, d'après un programme dont plusieurs de ces maisons peuvent donner l'exemple, de telle sorte enfin que les subdivisions soient subordonnées à la population, sans qu'il puisse s'établir de confusion entre les diverses classes de prévenus.

Le respect dû à la justice et au malheur ne peut admettre de compensations, et elles sont d'ailleurs impossibles pour l'innocent qui aurait subi l'horreur d'un emprisonnement avec des êtres dépravés et avec des coupables, sorte de confusion trop commune dans les départemens, où la petitesse des localités affectées aux maisons d'arrêt semble légitimer cette infraction aux droits de l'humanité.

Les maisons d'arrêt, en général, sont une annexe des palais de justice. Les sexes n'y doivent avoir aucun moyen de communication. On doit observer dans l'une ou dans l'autre de ces divisions absolues, des sous-divisions, des logemens séparés, des promenoirs suffisans et bien aérés, de la sûreté et point de gêne; telles doivent être les bases du programme de ces maisons. Les dépôts pour les transférements doivent présenter en petit le même ordre de choses; mais attendu que ceux que la prévention y fait entrer n'y doivent point séjourner, ils ne doivent aussi contenir que des chambres pour un ou pour quelques individus; ce qui est bien différent de ces catégories nombreuses qui sont réunies dans les chefs-lieux des divisions judiciaires.

C'est avec un véritable sentiment de justice que le programme pour la restauration de la maison d'arrêt de la Grande-Force a été dressé : ce programme pourrait servir de modèle pour les maisons du même ordre dans les départemens. Les planches 1 et 2 du rez-de-chaussée et du premier étage de cette prison rendent sensible la relation qui existe entre l'habitation pendant le jour dans les ateliers et dans les chauffoirs, et les pièces destinées à recevoir dans des cellules individuelles la totalité de la population pendant la nuit.

On voit que les bâtimens qui composeront cette maison, quoique projetés au milieu d'anciennes constructions conservées en majeure partie, ont, par leur réunion avec des constructions neuves, l'avantage de présenter un ensemble assez complet et d'une importance qu'on n'aurait pas attendue, sans les grandes vues du magistrat qui a présidé plus spécialement à la rédaction du programme et des plans.

D'après cet exposé et ceux qui seront donnés des maisons centrales, il sera facile d'établir les différences à observer entre les maisons d'arrêt et les maisons de détention.

Parmi celles-ci, il est encore une distinction à établir; elle consiste dans la différence de durée du temps de la détention.

Les unes, sous le nom de maisons de correction, sont, à quelques égards, des maisons municipales, ne reçoivent que des condamnés à court terme, c'est-à-dire au-dessous d'un an; tandis que les condamnés à un an et plus, sont envoyés dans les maisons centrales. Ainsi les condamnations à un an, réunies à celles de plusieurs années dans les maisons centrales, produisent une population qui s'élève dans quelques unes de mille à douze cents individus.

En conséquence, dans les premières on reconnaît que le classement par âge, par sexe, par nature de délit, rend l'application du système panoptique d'un usage difficile, et cela à raison de ce que ces subdivisions donnent des différences qui varient entre elles comme un est à six ou à sept.

Cependant, dans les projets qui ont été dressés pour la prison de Lyon, cette difficulté de classement des détenus, conformément au programme qui avait servi de base au concours, a été résolue.

Dans le premier projet qui a remporté le prix de ce concours (*pl.* 8 et 9), la solution du problème était favorisée par la disposition fort irrégulière du terrain, qui permettait, par la différence de longueur des rayons du bâtiment, d'obtenir un classement proportionnel.

Cette même disposition resta obligatoire dans le second projet, où, malgré la forme rectangulaire du terrain, on a voulu la conserver.

La difficulté fut cependant de nouveau résolue, mais moins facilement que dans le premier terrain.

Toutefois, on remarquera que le système étant modifié par l'adoption d'un demi-cercle commun aux deux projets, il est moins difficile à traiter et plus exempt de défauts que dans le développement du cercle entier, tel qu'on le voit dans les panoptiques anglais.

Ce nouveau projet (*pl.* 10) avait obtenu l'assentiment unanime des deux administrations du département et de la ville. Cependant ayant été transmis à l'approbation du ministre de l'intérieur, on revint sur ce plan, et considérant que les bâtiments étaient distribués dans un parallélogramme rectangulaire, on demanda que ces bâtimens fussent rétablis dans des directions parallèles aux deux plus grands côtés de l'enceinte.

Sur ces plans, où de part et d'autre on avait énoncé des opinions fondées en raison, il ne fallait pas moins que les principes de l'art à mettre dans la balance, pour obtenir l'approbation du ministre.

Si le premier eût été adopté, il pouvait servir de modèle pour une prison du premier ordre; il n'aurait eu d'autre défaut dans le système, que le peu d'étendue du terrain et de ses bâtimens.

Dans le second, il tient son mérite de ce que les bâtimens étant à angles droits les uns sur les autres, toutes les faces sont parallèles entre elles, et l'air ainsi que la lumière y pénètrent également.

On est parvenu dans le second plan, maintenant en construction, comme dans le premier, à distinguer les diverses classes, et même à donner à chacune d'elles des préaux séparés (*pl.* 11).

Pour opposer à ces plans un nouveau projet, on avait fait venir de Londres un plan (*pl.* 27) assez analogue aux données qui avaient accompagné la demande de ces plans, et comme il venait de loin, il fut d'abord assez bien reçu et même accueilli comme un modèle.

L'examen qu'on en fera donnera lieu à remarquer, 1°. le défaut de liaison des bâtimens, défaut qui en aurait rendu le service difficile pour des sœurs de Charité (car il en sera attaché à cet établissement); 2°. on ne voit pas un grand effort de composition dans ces divisions des murs des bâtimens et des cours.

Les murs de refend, sur la longueur des ailes, qui les séparent en deux, mettent dans l'impossibilité d'établir des courans d'air d'une face de ces ailes à la face opposée; et ceux qui divisent les préaux entre eux, ou seraient d'une hauteur assez considérable pour masquer les faces des bâtimens en regard, et dans ce cas ils donneraient de grandes ombres, ou s'ils n'étaient élevés qu'à la hauteur de la clôture, la communication entre les ailes de bâtiment des condamnés serait facile et presque sans obstacle.

Les architectes anglais partagent avec le corps de la nation, l'honneur d'être entrés avant nous dans la noble carrière des améliorations qui ont pour objet l'intérêt de l'humanité, mais entraînés par le but principal, ils ont négligé un accessoire digne cependant de leur attention, et, ainsi qu'on l'a déjà remarqué, ils sont peu difficiles sur les préceptes de l'art; ils sont partout mécaniciens, et ne s'embarrassent pas de la rectitude des formes; c'est ce qui les détermine dans leurs plans à couper les angles sous diverses inclinaisons, sans égard à la toiture, ce qui est remarquable dans le plan dont il s'agit. On voit pourquoi ces coupures ont été pratiquées dans les angles resserrés, par le rapprochement des ailes de bâtiment vers leur centre commun. Une remarque plus essentielle porterait sur l'insuffisance des escaliers, qui sont placés à l'extrémité opposée aux entrées, ce qui oblige de parcourir les bâtimens dans toute leur longueur pour arriver aux escaliers et aux étages.

Enfin en ouvrant les préaux par les deux côtés opposés du dedans au dehors, on procure une assez libre circulation à l'air, mais aussi on met les détenus à découvert et en communication avec les alentours, et à moins que les prisons ne soient construites loin de toute autre habitation, on peut supposer que cette disposition a plus d'un inconvénient, ce qui dans nos villes la rendrait peu convenable.

Les maisons centrales, à raison d'une nombreuse population, comme on l'a déjà pu remarquer, sont susceptibles du plus grand développement. Les catégories qui entrent dans chaque division peuvent former à elles seules des quartiers populeux : ainsi les plans en forme de panoptique (*pl.* 12.) peuvent être appliqués à leur distribution. On doit observer cependant que le demi-cercle convient seul dans le plus grand nombre de circonstances. Enfin, dans le cas d'une très nombreuse population, le meilleur exemple qu'on puisse prendre serait la prison de Gand, et la restauration de la partie qui n'a pas été exécutée, ainsi qu'on l'a vu plus haut, acheverait convenablement ce bel établissement (*pl.* 30 et 31).

Dans toutes les prisons il faut, lorsque la population est nombreuse, séparer, autant que l'étendue des terrains le permettra, les ateliers des dortoirs : cette mesure serait fondée sur le besoin de maintenir la salubrité autant que par raison de sûreté.

Lorsque les ateliers sont au-dessous des dortoirs, on a de plus à craindre les conséquences d'un incendie; mais ce qui n'est point accidentel, c'est le danger de laisser en quelque sorte sous la main des détenus tous les instrumens dont ils pourraient être tentés d'abuser, à quoi il faut ajouter ce que peuvent avoir de nuisible pour la salubrité des dortoirs, les émanations des produits manipulés dans les ateliers. Par cette disposition, les ateliers étant entièrement isolés, pourront être disposés sans réserve selon les besoins et la nature des ouvrages qu'on y exécuterait.

Les rez-de-chaussée des bâtimens des détenus étant assez élevés au-dessus du sol pour y être garantis de l'humidité, pourraient recevoir quelques dortoirs, mais principalement les promenoirs, les chauffoirs, les parloirs, et les diverses pièces de service ou de surveillance.

Dans le cours de ces recherches l'on ne saurait entrer dans aucun détail sur la nature des occupations convenables aux détenus; il suffit d'insister pour que celles qui leur seraient données ne puissent les énerver ou porter atteinte à leur santé : il y aurait beaucoup moins d'inconvéniens à les assujettir aux plus rudes travaux. La rudesse des ouvrages dont ils feraient l'apprentissage et qu'ils exerceraient pendant la durée de leur détention, servirait à déterminer la forme et l'étendue à donner aux ateliers. Comme on a pu le remarquer, leur isolement des autres bâtimens laisse à cet égard la plus grande facilité.

Les chapelles doivent, autant que les localités le permettront, être placées au centre de l'établissement; elles auraient des tribunes : ce qui préviendrait la confusion entre les classes, et dans les prisons les plus populeuses on ne doit pas y recevoir simultanément toute la population :

il serait préférable de diviser le nombre des détenus en deux ou en trois sections, et de les faire arriver à la chapelle à des heures différentes, d'autant que les instructions générales qui précéderaient ou qui seraient données après l'office, pourraient avoir un caractère et un texte approprié spécialement aux catégories assistantes.

DES DÉPÔTS DE MENDICITÉ.

Si les scélérats se recrutent parfois parmi les vagabonds et les mendians, le fait est rare, parce qu'il y a peu d'analogie entre les facultés des uns et des autres : dans les uns, il y a un principe de mouvement; dans les autres, c'est de la matière qui veut rester dans l'inertie.

La mendicité paraît être la maladie la plus humiliante de l'espèce humaine; elle dégrade les individus qui s'y abandonnent, et fait que parmi eux, il en est qui ne sont à l'espèce, que ce que le pourceau est aux autres animaux, à la différence toutefois que le porc est profitable à qui le nourrit, et que les mendians, race totalement démoralisée, restent à charge à l'État, et n'offrent que des êtres gangrenés en toute chose, et qui ne peuvent être rappelés au sentiment d'une honorable existence, même sous la verge de fer qu'il faudrait tenir incessamment levée sur la plupart d'entre eux en les assujettissant à une sévère police dans les dépôts de mendicité.

On ne pensera pas que dans cet anathème les vieillards et les blessés soient compris; la plus entière sollicitude leur est due : cependant cette commisération envers quelques uns peut avoir un terme.

L'homme qui conserve un peu de fierté sait encore, avec un bras de moins, pourvoir à ses besoins. N'a-t-on pas vu des invalides manchots créer des jardins potagers sur un sol de pierre et de gravats, faire de la menuiserie, monter une machine, labourer, planter, et battre en grange. De tels hommes sont la preuve de ce que peut le courage uni à l'amour du travail.

Quoi qu'il en soit, on doit aux lépreux quelques secours, et aux mendians un asile. On leur devrait plus encore ; ce serait, s'il était possible, de les sauver de la bassesse, de chercher à leur créer des facultés, enfin de faire en sorte qu'ils devinssent capables de se procurer des moyens d'existence indépendans des secours publics.

A cet effet les mendians ou les vagabonds seraient détenus pour un temps suffisant à leur instruction et à la durée de l'exercice qu'ils seraient tenus d'en faire, pour qu'il pût en résulter un produit dont une portion leur serait réservée et le surplus serait employé à l'entretien des vieillards et des blessés.

La distribution des dépôts de mendicité n'est pas susceptible d'un aussi grand nombre de divisions que celle des autres prisons. Les deux principâles, sauf celle des sexes et des âges, seraient basées sur les travailleurs et sur les non-valides.

Les dortoirs contiendraient des cases au lieu d'être subdivisés en cellules.

Les encouragemens qu'on accorderait aux meilleurs et aux plus laborieux tendraient à leur faire apprécier le prix des commodités de la vie ; enfin, après un temps déterminé, qui ne serait dans aucun cas réductible, on les rendrait à la liberté.

On pourrait se borner aux considérations générales relatives aux diverses prisons dont il vient d'être fait mention ; mais il est encore deux genres de prisons dont on ne s'est pas encore occupé spécialement, et qui cependant sont susceptibles d'être distribuées d'une manière toute particulière.

Telles sont les prisons pour dettes et les prisons militaires.

Les premières semblent avoir quelques rapports avec les maisons d'arrêt, attendu qu'on ne peut y imposer, comme dans ces maisons, aucun régime particulier, et que les individus ne sont tenus à aucun devoir.

Ils doivent y jouir de toute la liberté compatible avec les mesures à prendre contre les tentatives d'évasion.

On peut donc les considérer comme de grandes maisons garnies, avec des logemens pour des classes plus ou moins élevées, qui toutes méritent des ménagemens.

Quant aux prisons militaires, les fautes qui y conduisent sont contre la discipline, et, sous ce point de vue, elles doivent se trouver dans l'enceinte même des casernes, ou à proximité d'un tribunal militaire, comme le sont les conciergeries auprès des cours d'assises ; et enfin, lorsqu'il s'agit de délits commis hors des casernes et dans la cité, les soldats devenant justiciables des tribunaux ordinaires, devraient être reçus dans les maisons d'arrêt, et soumis à la loi commune.

DESCRIPTION DES PLANCHES, ET DISSERTATION.

En suivant, dans l'énumération des diverses espèces de prisons, la progression indiquée par la procédure dans les jugemens, on trouve en première ligne les maisons d'arrêt.

En jetant les yeux sur les plans de la maison de la Grande et de la Petite-Force réunies pour n'en former qu'une seule maison d'arrêt pour les hommes (*pl.* 1 et 2), on y trouvera, non un modèle de distribution, tel qu'on pourrait l'appliquer à une prison construite sur un terrain libre, mais du moins un programme, et une maison divisée en autant de classes qu'il est nécessaire d'en établir pour éviter la confusion et se conformer aux instructions sur la répartition respective selon la nature des délits.

Ces classes sont distribuées dans différens quartiers suivant ces distinctions :

1°. Détenus pour vol simple ou escroquerie.	230
2°. Débauche honteuse.	30
3°. Vagabondage.	40
4°. Justiciables de la cour d'assises.	180
5°. Détenus pour rixes et accidens.	60
6°. Enfans prévenus.	60
TOTAL.	600

Chaque quartier correspond, par un guichet, à un chemin de ronde qui forme un grand front au-delà de la cour du bâtiment du greffe, où se trouvent le guichet d'entrée et le corps-de-garde; à gauche est le bâtiment des enfans et des cuisines; à droite, celui de l'infirmerie, isolé de toutes parts.

Par cette disposition, résultat obligé des localités, on obtient des avantages qui semblent convenables, en ce que le service de l'infirmerie est en dehors de la prison; et même, par la circonvallation du chemin de ronde, ce bâtiment se trouve détaché de l'habitation du greffier et des agens attachés au greffe. La géole est à l'intérieur.

Par cette même disposition, les enfans, placés près de l'entrée, sont sous la surveillance immédiate de l'administration, et entièrement séparés de toute autre classe; et même, ce qu'on peut admettre comme une chose de principe, ils ne sont pas encore dans la prison.

Une disposition, négligée dans la plupart des prisons, a été observée d'après l'indication particulière de M. le comte de Chabrol. Elle consiste dans les portiques pratiqués au pourtour des cours, conservés aussi au premier étage. Ils offrent l'avantage précieux de procurer un abri préférable aux chauffoirs, en ce que les détenus y sont libres et dans un air plus pur et où ils peuvent se tenir séparément dans leur quartier.

Cette disposition répond au vœu de la formation de grands parloirs; elle remplace ceux qu'on pourrait pratiquer au milieu d'une cour.

Dans les maisons d'arrêt, ces portiques ou promenoirs offrent le moyen de conserver non seulement le classement par quartiers déterminés par la loi, mais en outre un classement de pure convenance entre les particuliers, suivant les goûts ou l'état de chacun d'eux.

Ce classement privé doit être facultatif pour les prévenus dans une maison d'arrêt; et il doit même être favorisé.

Les maisons d'arrêt et de justice sont souvent réunies sous un même guichet, et toujours elles doivent être une dépendance des palais de justice, si l'étendue des localités favorisaient cette réunion, sans laquelle on est forcé de transporter les prévenus de la prison au palais de justice, autant de fois que les tribunaux s'occupant d'affaire de police correctionnelle ou criminelle, requièrent la présence des accusés ou des prévenus.

Les planches 3 et 4 offrent les maisons de justice et de dépôt de Paris et de Lyon.

Cet amas de bâtimens et de préaux d'une très médiocre étendue, de la maison de justice de Paris, est loin de satisfaire au besoin du renouvellement de l'air. La maison de justice est enclavée dans les distributions du Palais-de-Justice, dont les bâtimens la dominent de toutes parts.

Le plan de cette prison se ressent de la gêne imposée par la distribution vicieuse dans le principe, et qui devient journellement de plus en plus insuffisante.

Les dernières et récentes améliorations qui ont été faites dans les quartiers des hommes et dans ceux des femmes, ainsi que les changemens de disposition intérieure, ont été fructueux au-delà de l'espérance, mais sont loin de satisfaire encore aux principales conditions à observer dans cette sorte de maisons, et en outre il est impossible de remédier aux communications visuelles; il était également impraticable d'obtenir de l'isolement, et un chemin de ronde ; ainsi sous ce rapport la Conciergerie est loin de satisfaire aux exigences d'un programme raisonné.

Les maisons d'arrêt et de justice de Lorient, de Clermont-Ferrand, de Draguignan, de Saint-Lô et de Saint-Jean-de-Maurienne (*pl.* 5, 6 et 7), quoique sur de petites dimensions, offrent des variétés dans les dispositions qui, étant les résultats de la diversité des emplacemens, peuvent être bonnes à imiter.

Les prisons ou maisons de détention n'offrent dans la plupart des villes du second et du troisième ordre, que des exemples de simplicité; car c'est toujours vers ce terme qu'il faut se diriger, lorsque le petit nombre de prévenus ne permet pas de former des catégories qui puissent motiver les distributions égales, telles qu'on les retrouve dans les maisons centrales.

Tout système exclusif de distribution de bâtimens ne saurait utilement remplacer les formes qui dérivent du périmètre donné par la diversité des terrains ; ainsi on ne doit pas sans motif particulier faire usage du demi-cercle dans un quadrilatère sans créer des angles perdus, dont il est difficile de tirer un véritable avantage.

La petite prison de Saint-Lô (*pl.* 5), comprise dans un parallélogramme rectangle serait dénaturée si l'on y avait appliqué le système circulaire.

Dans la plupart des terrains et dans plusieurs positions on ne pourrait pas davantage recourir au système panoptique dans les restaurations des bâtimens, où l'on est assujetti à des constructions anciennes qu'il faut conserver en tout ou en partie; on ne peut que difficilement rétablir l'ordre et la symétrie, et dans ce cas il devient impossible de satisfaire aux exigences des panoptiques. En règle générale, les cas sont rares où cette forme soit essentiellement bonne, et ce n'est que sous deux conditions qu'on peut l'employer avec succès :

La première, lorsqu'une population nombreuse de condamnés à une longue détention, donne des catégories peu susceptibles de divisions ;

La deuxième, lorsque la forme irrégulière des terrains favorise les classemens en nombres inégaux, qui sont prescrits par les lois; cette obligation étant plus particulièrement applicable aux prisons municipales qui ne renferment que des détenus à moins d'un an, pour des délits plus ou moins graves, et dont il importe cependant de séparer les auteurs.

Le premier projet de prison pour la ville de Lyon, composé par suite d'un concours pour être érigé sur le terrain irrégulier de la Ferratière (*pl.* 8 et 9), répond à ce qui vient d'être dit sur la convenance de la forme rayonnante appliquée à des terrains irréguliers. Plusieurs des concurrens avaient dans leurs compositions donné la preuve de la difficulté d'y employer des formes rectangulaires, et même ils en eussent reconnu l'impossibilité absolue, s'ils s'étaient occupés sérieusement des obstacles que le nivellement du terrain aurait opposés à l'exécution de leurs diverses compositions. Dans le plan qui avait été adopté, et reconnu le seul praticable, la différence de longueur des ailes de bâtimens favorisait le classement des détenus; par leur divergence on parvenait à sauver la déclivité en différens sens du terrain, et à ramener les eaux dans les chemins de ronde, vers la partie la plus basse.

Enfin une difficulté qu'il importait de surmonter se trouvait dans la sur-élévation de toute la côte de Saint-Georges, dont les habitations commandaient de toutes parts le terrain de la Ferratière, et dont il était indispensable de se défendre.

Cette circonstance était déterminante pour le placement de l'entrée, qui, ainsi que l'indiquent l'élévation et la coupe (*pl.* 8), aurait été dans la partie la plus élevée. C'est par la hauteur des bâtimens de l'administration, de la chapelle et des dépendances, qu'on serait parvenu à masquer, pour les maisons voisines, l'intérieur de la prison.

Ainsi, dans le choix du parti panoptique de la distribution des bâtimens, tout était selon les convenances, et conforme aux données du programme et à la nature de l'emplacement.

Il n'était pas aussi facile qu'on l'avait pensé d'abord, de transporter ce même parti dans le nouveau terrain dont la ville faisait l'abandon sur la rive droite du Rhône, dans la presqu'île Perrache.

Ce terrain (*pl.* 10), circonscrit dans un parallélogramme rectangle, ne se prêtait pas à l'observation de l'inégalité du nombre dans le classement des détenus, comme dans l'emplacement de la Ferratière. L'on n'y était parvenu qu'à l'aide de subdivisions prises sur la longueur des ailes rayonnantes, vers le centre des bâtimens où se trouvaient placées la geôle, la chapelle et l'infirmerie; cependant le nombre des préaux n'égalait pas celui de la division des quartiers.

Dans le plan rectangulaire la difficulté restait la même pour l'inégalité à observer, en raison de la différence dans la population des divers quartiers.

Cette difficulté a été surmontée à peu près de même que dans le plan précédent, par la division des ailes; on y trouve de plus l'avantage d'offrir des espacemens plus égaux entre les divers corps des bâtimens, et d'avoir un préau suffisant affecté à chaque quartier (*pl.* 11).

La geôle, la chapelle et les infirmeries ont été placées au centre; le bâtiment sur l'entrée, destiné à l'administration, au corps-de-garde, à la cuisine, et au logement des sœurs, est resté également indépendant de ceux de la prison.

La comparaison entre les trois plans (*pl.* 8, 10 et 11) démontrera les avantages attachés aux distributions qui y ont été pratiquées.

On remarquera sans doute, dans le plan semi-panoptique de la planche 10, le principe des grandes dispositions qui ont été développées sur une majeure étendue, dans un plan dressé en 1816, et adopté comme un type, comme un modèle applicable à une prison de cinq à six cents détenus (*pl.* 12).

Quels que puissent être les avantages attachés au système panoptique, tel qu'il est exprimé dans ce plan, il n'en faudrait pas moins lui faire subir d'importans changemens, dans le cas où la donnée générale, qui lui a servi de base, serait remplacée par un programme détaillé, où tous les besoins seraient prévus.

Ainsi, ce plan ne peut être considéré que comme une esquisse d'agencement de masses susceptibles de modifications dans l'expression des détails; au cas où l'on en voudrait faire l'application à un édifice à construire: mais on y reconnaît au moins qu'une chose essentielle a été observée, c'est que l'administration et la geôle sont en communication, et peuvent l'une et l'autre conserver un libre accès avec l'entrée principale de la prison, sans que, dans aucune circonstance, cette communication puisse être interrompue.

Cette disposition doit être également observée pour la chapelle et pour les infirmeries: la raison en est dans la nécessité de faire leur service sans entrer dans les quartiers occupés par les prisonniers.

Avant que l'administration municipale de la ville de Lyon se fût déterminée à mettre au concours les projets de la prison, la ville avait cédé vingt-six mille mètres de terrain, pour réunir sur un point la prison militaire et la prison civile.

Des plans avaient été demandés pour ce terrain; ceux qui furent dressés, accompagnés de devis très détaillés, ne furent point admis, et, par une fin de non-recevoir, on perdit à la fois un immense emplacement propre à sa destination première, et une distribution de bâtimens où les prisonniers auraient joui d'une grande commodité dans des quartiers bien distincts et dans des préaux d'une étendue considérable et bien aérés.

La prison militaire, comme une annexe comprise dans la même enceinte, avait une entrée séparée, et ne communiquait à la prison civile que par une nef affectée particulièrement aux militaires dans la chapelle. Cette combinaison avait été prescrite essentiellement (*pl.* 13).

Le parallèle qu'on peut faire de ce plan avec celui de la prison de Saint-Lazare (*pl.* 14) fera connaître si ce projet était conçu dans des mesures extrêmes, et si, en l'exécutant deux années plus tôt, la ville n'y aurait pas gagné le prix de la *tacite réconduction* du bail de la prison de Saint-Joseph. Enfin, ce plan aura au moins l'avantage d'offrir une disposition qui, en rassemblant les bâtimens sur le milieu du terrain, éloignera les détenus de toute communication avec le dehors, et environnera leur habitation d'une masse d'air très considérable, sorte d'avantage peu commun dans la plupart des prisons.

La maison de Saint-Lazare (*pl.* 14), dont il vient d'être question, est une des plus belles prisons de France. Cet ancien couvent des pères lazaristes est d'une grande et simple distribution : de larges corridors, des chambres et des dortoirs bien éclairés, une bonne construction, lui donnent une grande apparence.

C'est aux soins de M. le comte de Chabrol qu'on doit la construction des bâtimens qui la complètent, savoir : d'une chapelle, d'une infirmerie isolée, dans une belle position opposée à l'entrée, et environnée de jardins, ainsi que d'une aile de bâtiment au sud, sur la rue Saint-Denis, et sur l'emplacement de l'église qui a été démolie il y a environ quarante ans.

C'est également à la prévoyance de ce magistrat qu'on doit l'achèvement de la prison de Sainte-Pélagie (*pl.* 15), où des dispositions qui ont été modifiées, auraient procuré à cette maison une belle infirmerie au-dessus de l'entrée nouvelle, pratiquée sur la rue du Puits-de-l'Hermite. A l'opposé, dans un terrain fort resserré, est une chapelle neuve avec des tribunes pour séparer les détenus; quoique simple, elle inspire le respect et le recueillement. C'est encore aux bienfaisantes vues de M. le comte de Chabrol qu'on devrait la grande disposition des bâtimens des Madelonnettes (*pl.* 16 et 17), où se trouvent réunis à d'anciens bâtimens fort irréguliers, des corps d'ateliers et de dortoirs qui, s'ils recevaient leur exécution, donneraient à cette maison un peu de cette bonne apparence des établissemens de charité, dont toutes les villes d'Italie sont embellies.

L'hospice de Gênes (*pl.* 18) offre à peu près la même distribution.

Cette prison des Madelonnettes devrait, suivant le programme qui en a été dressé, servir, d'une part, de maison de réclusion pour les femmes, et de l'autre, d'hospice-prison pour celles qui sont traitées maintenant à l'hospice des Capucins.

C'est le plan du premier étage (*pl.* 17) qui peut en mieux indiquer la distribution. A la même époque où les programmes de la restauration de la Force et des Madelonnettes étaient l'objet des soins de l'administration, la prison de Bicêtre était également un objet d'attention, et l'administration voulait en compléter les bâtimens; un programme fut dressé à cet effet; cette prison devait être divisée en trois quartiers séparés les uns des autres, et particulièrement celui des forçats devait l'être de ceux des vagabonds et des mendians : d'après ce programme, en prenant une étendue suffisante dans la campagne, on devait isoler les forçats de toute communication (*pl.* 19 et 20).

Une caserne pour les vétérans, qui font un service régulier, devait être à l'entrée et rester indépendante des bâtimens affectés aux détenus.

Une autre obligation était imposée à l'architecte, c'était l'emploi des matériaux qui avaient été taillés pour ériger un grand atelier sur un terrain acquis des hospices. Le nombre de ces matériaux pouvait suffire à compléter deux grandes ailes à droite et à gauche des principales cours, dans toute la hauteur d'un étage; enfin, dans chaque division de l'ancienne enceinte et de la nouvelle, il fallait pratiquer une chapelle. Telles étaient les principales données d'un projet dont les suites ont été la cession aux hospices des anciens bâtimens de la prison et de ses dépendances.

La prison-modèle à Paris, dont les fondations s'élèvent en ce moment, présente un rapprochement de forme avec celle du bâtiment de Bicêtre qui était destinée aux forçats, par la similitude de l'hexagone employé de part et d'autre.

Dans la prison-modèle, d'après le plan qui en a été publié et qui est ici sous le n°. 21, on remarque une grande disposition, mais qui est susceptible de quelques observations; et tout en payant à l'architecte le tribut d'éloges qui est dû à son talent, on doit, dans la vue d'éclairer la discussion sur les avantages ou les inconvéniens du parti général pris en imitation des panoptiques anglais, hasarder sur ce parti des remarques qui, sans rien ôter à la beauté du plan de la prison-modèle, fassent connaître les déviations de principe dans lesquelles son auteur a été jeté, déviations qui sont, on peut le supposer, la conséquence de ce système trop préconisé.

Le placement de la cuisine au centre, et sous la chapelle, l'une et l'autre entourées d'un fossé circulaire où les eaux pluviales et ménagères sont reçues, nécessiterait des aquéducs. Les bâtimens de l'entrée, destinés à l'administration ne communiqueraient avec la chapelle, la geôle et la cuisine qu'à travers le fossé et par un pont.

L'éloignement de l'infirmerie, située à l'extrémité opposée à l'entrée, en rendrait le service difficile; il ne pourrait se faire qu'en traversant toute la prison, ou en parcourant le chemin compris entre le corps de la prison et le mur de circonvallation du chemin de ronde.

Enfin, contrairement à la nécessité de pouvoir surveiller les chemins de ronde sur le plus grand développement possible *en ligne droite*, celui de la prison-modèle est interrompu dans sa direction, et rompu en outre par les saillans et les rentrans des tours qui flanquent, comme dans une forteresse, les sommets des angles saillans du polygone, et par les renfoncemens correspondans en face de ces jours.

Le sens et le but de ces observations fera connaître le danger de mettre sous le joug de l'opinion des choses qui peuvent être bonnes, sous un point de vue, mais qui, trop généralisées, se présentent bientôt avec tous leurs désavantages.

Elles serviront en outre à prémunir contre l'entraînement du désir de produire de l'effet, aux dépens de l'observation des convenances que prescrit la nature des édifices.

On peut dire de ce plan qu'il est architectural et grandement supérieur à ceux que nous connaissons des Anglais, chez lesquels les règles de l'art sont entièrement négligées.

Toutefois on peut établir, sur le style de la prison-modèle, un rapprochement entre son plan et ceux des anciennes forteresses qui, pendant des siècles, ont servi de prison; à cet effet, on a mis en parallèle quelques uns de ces plans. Tels sont ceux de la Bastille (*pl.* 22), qui dans le principe n'était qu'une citadelle, et du château de Vincennes, autrefois maison royale, dont le donjon a servi de prison d'État (*pl.* 23) (1); ce n'est pas comme des exemples à imiter dans la composition des prisons modernes qu'ils sont donnés, mais au contraire comme opposés dans leur système aux vrais principes de construction qui prescrivent de répandre à l'intérieur beaucoup d'air et beaucoup de lumière.

On ne trouvera pas dans les principales prisons construites chez nos voisins, des plans assez bien entendus pour mériter d'entrer en parallèle avec ceux des prisons qui ont été édifiées en France.

La prison de Newgate (*pl.* 24) à Londres offre une superficie de bâtimens considérable comparativement aux trois cours qui servent à les aérer. Le bâtiment de l'entrée, par l'accumulation des pièces nombreuses qui y sont les unes sur les autres, doit être insalubre et en partie privé de lumière.

(1) Ce plan est sur une échelle moitié de celle des autres plans.

La maison de correction d'Amsterdam (*pl.* 25) est d'une plus grande étendue; la disposition des bâtimens et des cours est plus favorable au renouvellement de l'air et à l'intromission de la lumière dans les chambres. On remarque cependant dans le centre une masse de bâtimens affectés aux cuisines et aux dépendances, qui rompent la libre circulation de l'air dans les cours.

La prison de correction de Milan (*pl.* 26) a, sur les deux premières, une grande supériorité, en ce que les cours ont une grande étendue, et que les corps de bâtimens qui les environnent sont plus largement distribués. On y remarque le génie de l'Italie, qui brille toujours par la grandeur et par la simplicité, dans les grandes et dans les petites choses. La maison de correction de Rome (*même planche*), quoique formée d'un seul corps de bâtimens, en est une preuve.

A droite et à gauche d'une grande nef de toute la hauteur de l'édifice, sont deux rangées de galeries en encorbellement, correspondant à deux étages de chambres élevées au-dessus du rez-de-chaussée. La nef, par sa grande élévation, favorise le renouvellement de l'air; elle sert à la fois de chapelle et d'atelier; un autel est placé à l'une de ses extrémités, et une fontaine à l'autre; enfin, comme cette nef remplace une cour, on trouve ainsi réuni sous le même toit tout ce qu'il est assez difficile d'obtenir par des moyens ordinaires dans un terrain plus étendu.

Le plan de la prison sans désignation (*pl.* 27) a été envoyé de Londres à Lyon pour servir de modèle; mais peut-être pourrait-on plus utilement faire parvenir de Lyon à Londres de belles étoffes qu'on ne peut s'y procurer de bons plans de fabrique anglaise.

Quelle qu'ait été la prévention et l'effet d'une première vue, cette étrangeté dans la distribution des bâtimens n'a pu être soutenue, et il a été difficile de prouver que des masses jetées en quelque sorte au hasard, et où la majeure partie du terrain est sans destination déterminée, pussent soutenir le parallèle avec nos distributions, où la raison, les convenances et l'ordre, se trouvent réunis. Dans le plan dont il s'agit, tout est petit et difforme, et il n'y a de régulier que le périmètre, ce qui n'est dû encore qu'à la forme du terrain qui avait été déterminée d'avance.

Le projet de la maison de Bury (*pl.* 28) a du moins l'avantage de présenter des masses régulières, correspondant à l'octogone qui lui sert d'enceinte, et dont les grands côtés sont perpendiculaires aux axes principaux du plan. On trouve dans ce plan des circonscriptions déterminées de cours et de jardins; mais on remarquera, comme dans toutes les distributions de ce genre, que les alentours des bâtimens sont beaucoup plus spacieux qu'il ne serait nécessaire, et qu'ils présentent de grandes masses d'air, tandis que les corps de bâtimens resserrés vers leur centre commun se trouvent, on peut le dire, plus rapprochés que ne peut le prescrire la salubrité. Ne pourrait-on pas supposer que la plupart de ces combinaisons sont plus favorables aux gens de service qu'elles ne sont propres à procurer aux détenus les avantages conciliables avec la nécessité rigoureuse de leur détention ?

Il serait facile de multiplier les exemples de ces plans, qui ne diffèrent entre eux que comme ces figures dont les variétés ne résultent que du mouvement imprimé aux ingrédiens renfermés dans le tube du kaléidoscope (*voir les planches* 27, 28 et 29). La comparaison de ces plans avec ceux de la prison de Gand (*pl.* 30 et 31) fera fortement apprécier l'infériorité du mode panoptique suivant les Anglais.

Au nombre des combinaisons qui sont présentées on a cru devoir joindre une prison pour dettes (*pl.* 32), projetée sur un terrain du boulevart du Mont-Parnasse, et une prison-*redoute,* telle qu'on pourrait en établir près des frontières pour recevoir une population nombreuse de prisonniers travailleurs et une garnison.

Enfin on terminera ce parallèle en présentant le plan de l'*Albergo de' Poveri* (*pl.* 34) de la ville de Naples comme un exemple de ce que l'amour de l'humanité peut inspirer de grand. Le rapprochement de ce plan, sur *une échelle moitié seulement* de celle des autres plans, fera juger combien nous sommes encore au-dessous de la magnificence des constructions entreprises par un sentiment de charité, et qu'on doit au génie des Italiens modernes, qui, surtout en ce point, n'ont point dégénéré de leurs illustres ancêtres.

FIN.

Plan du Rez-de-Chaussée.

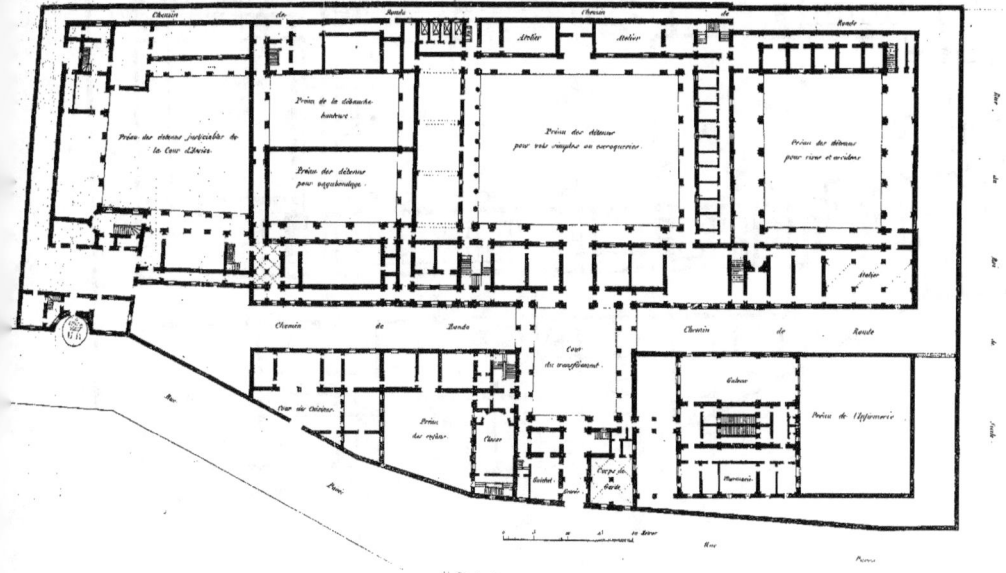

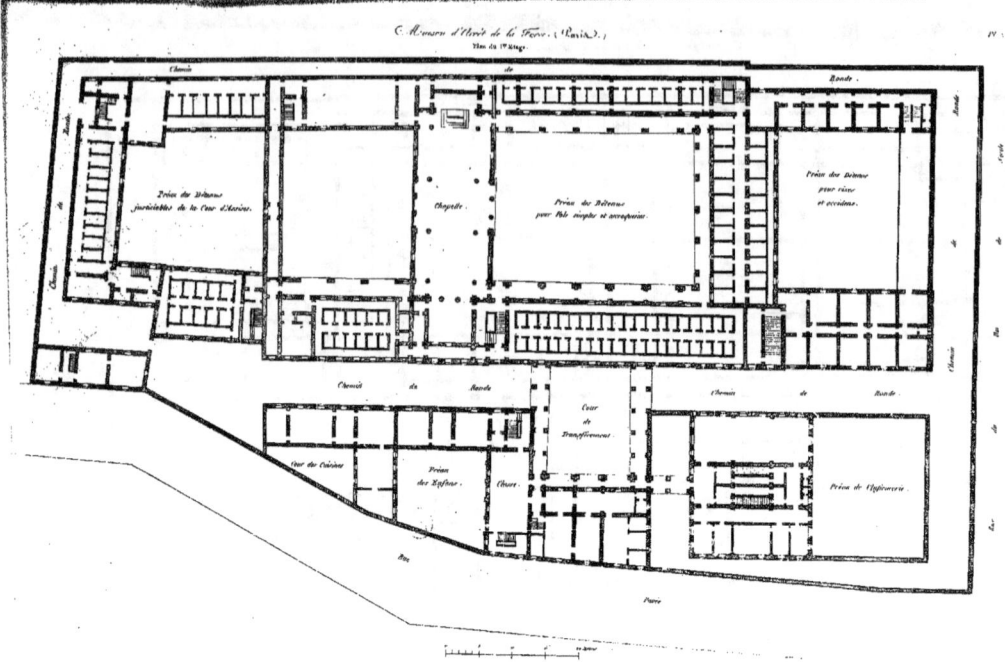

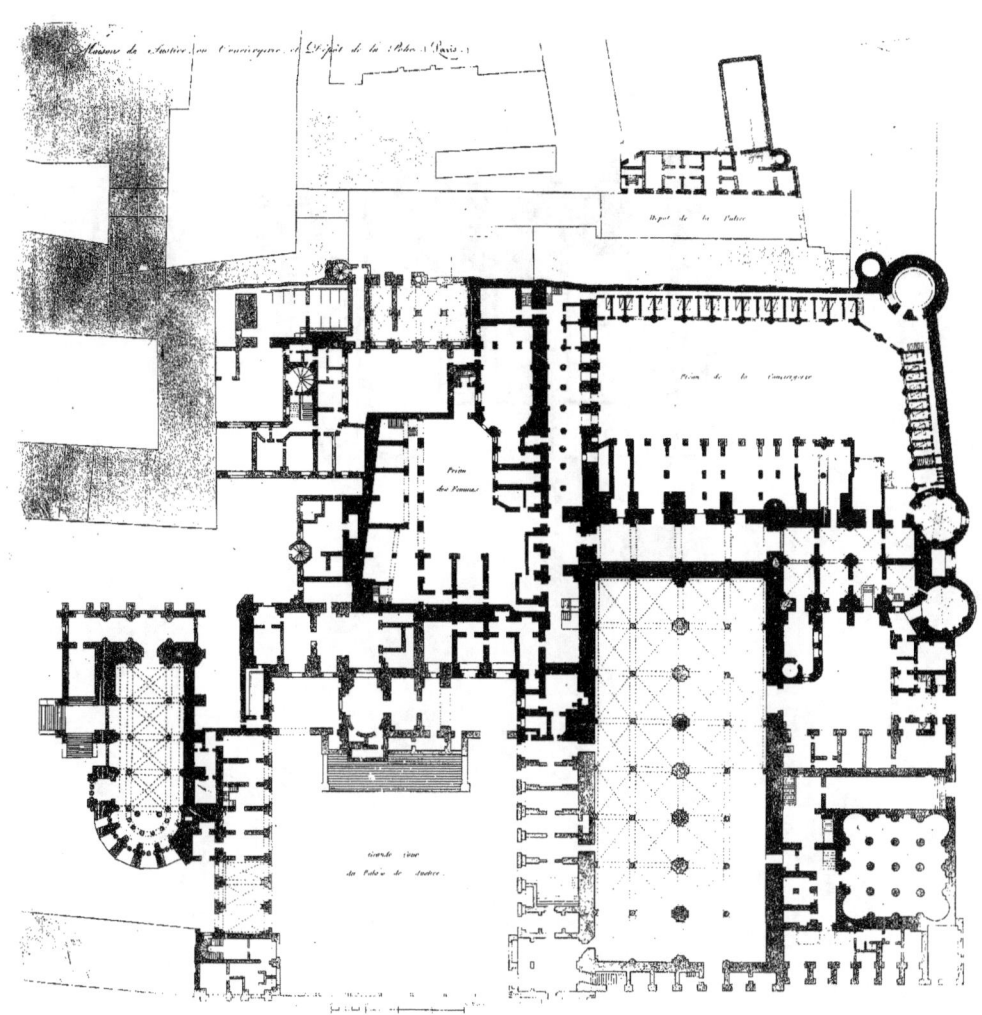

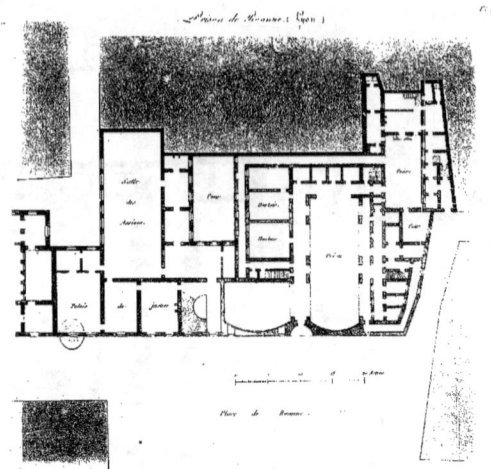

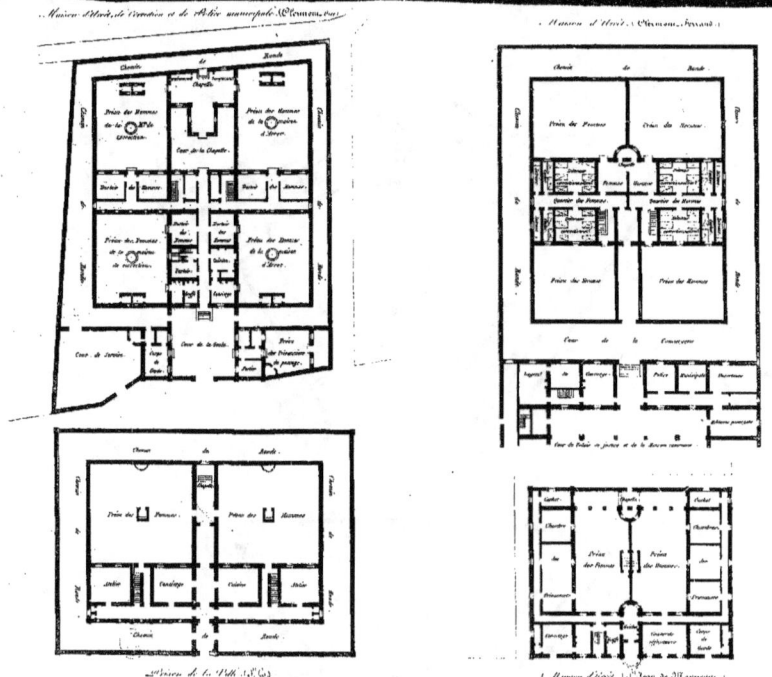

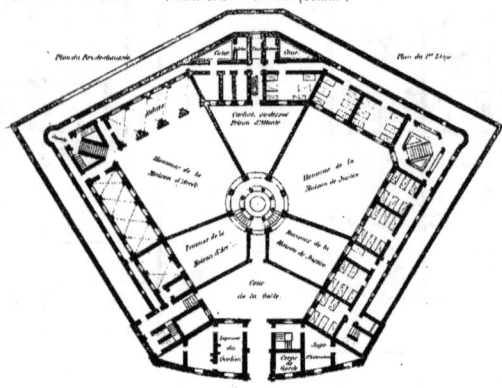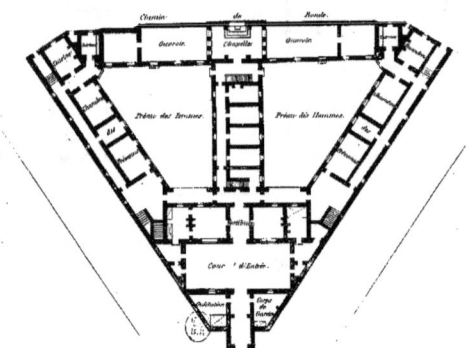

Maisons d'Arrêt, de Justice et de Correction réunies (Draguignan.)

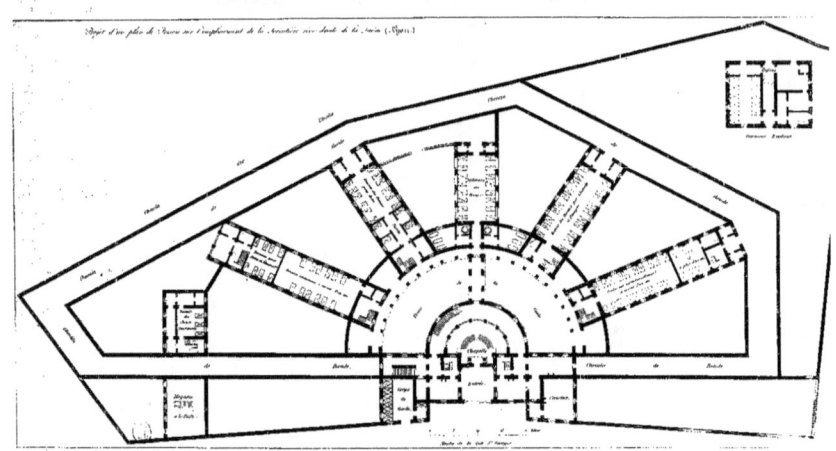

1er Projet de Prison sur la rive droite du Rhône (Lyon.)

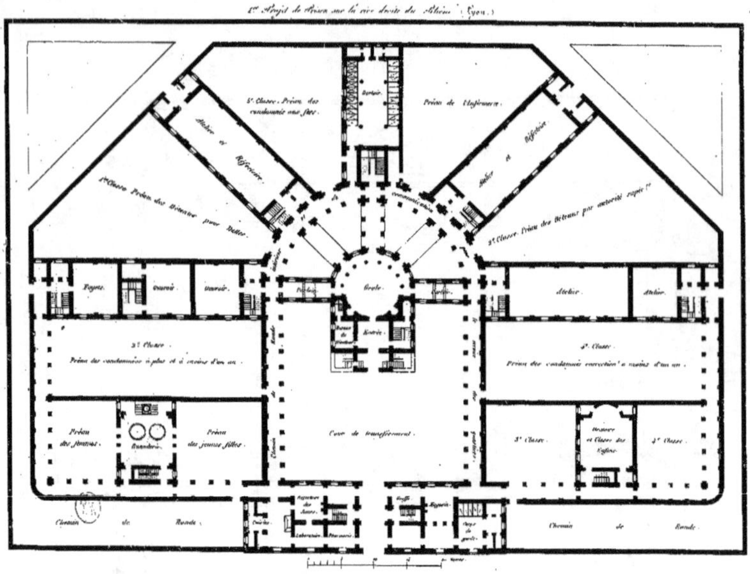

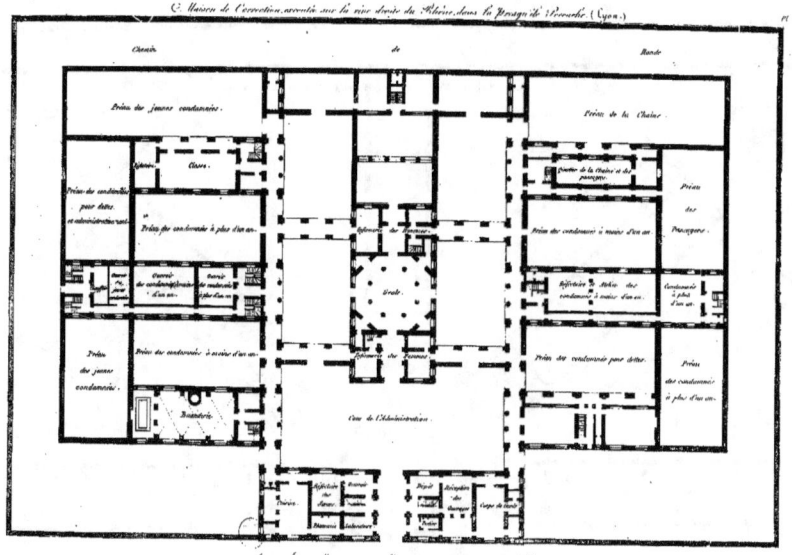

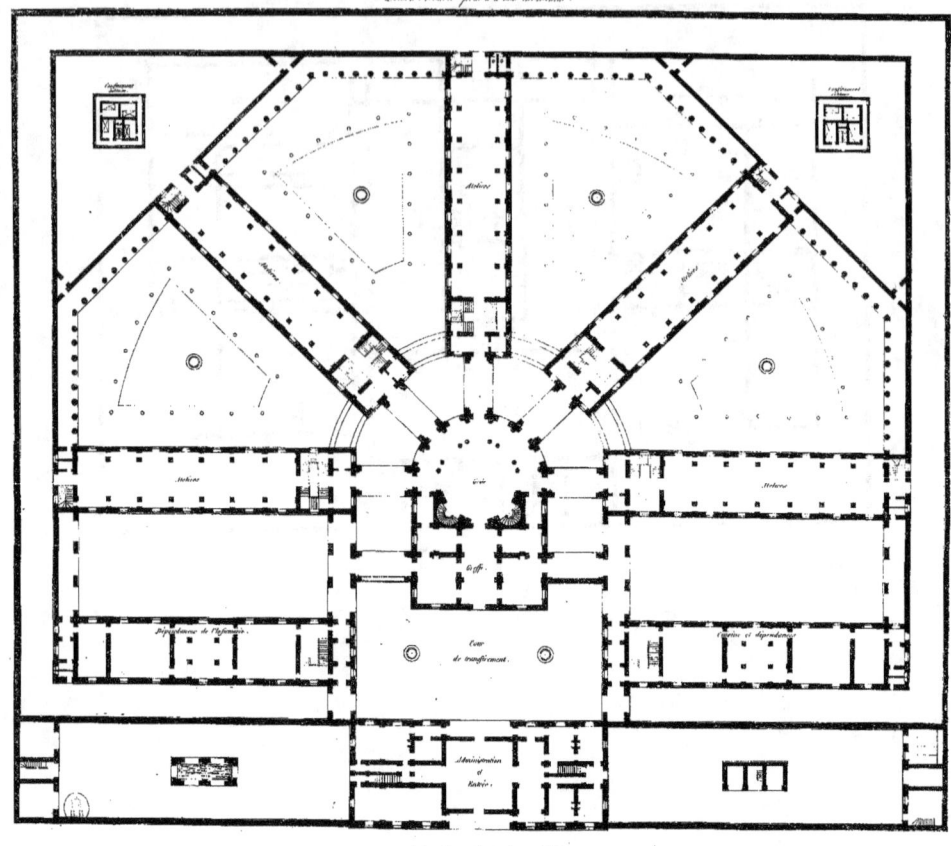

Projet de Prison civile et militaire sur la rive gauche de la Saône (Lyon)

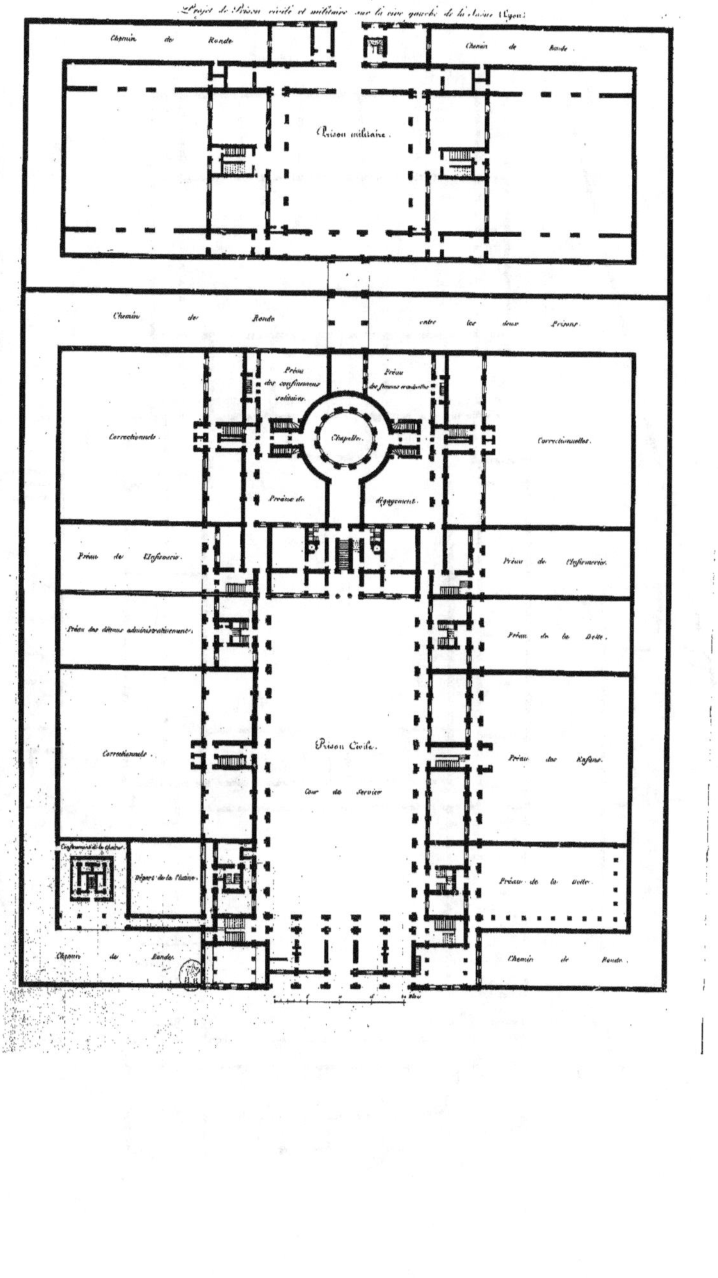

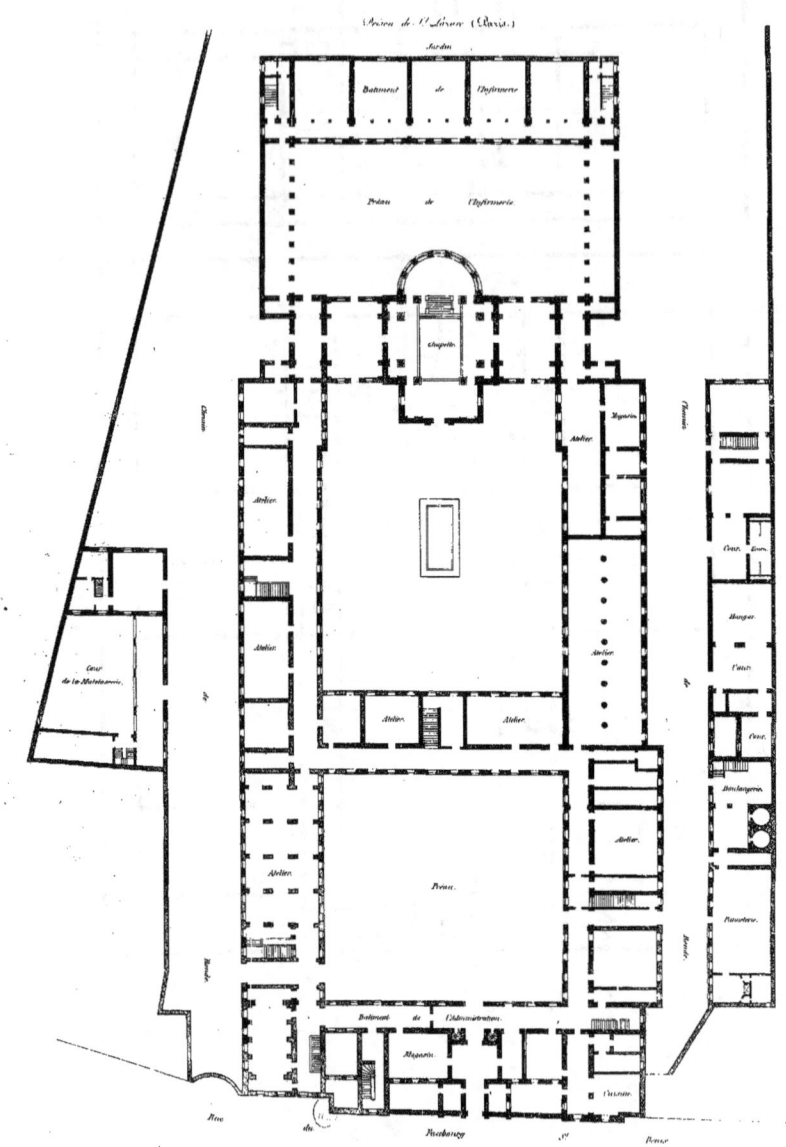

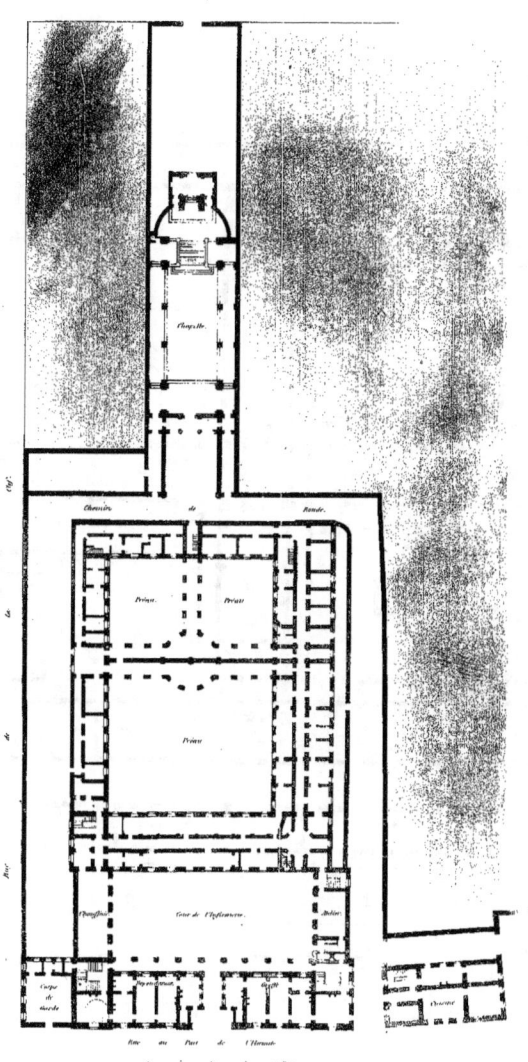

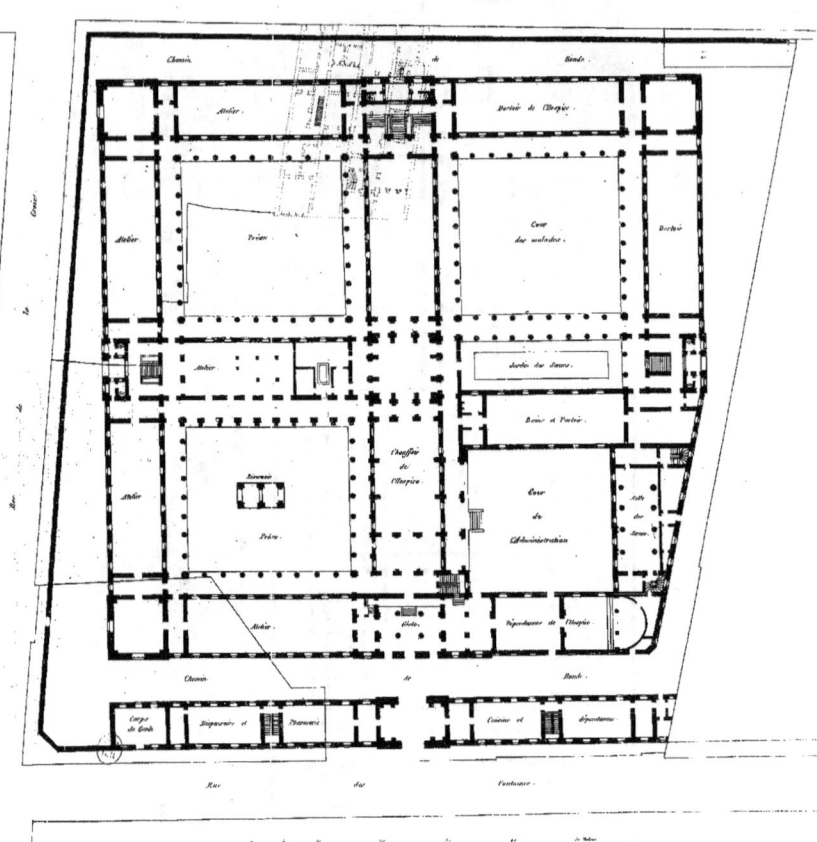

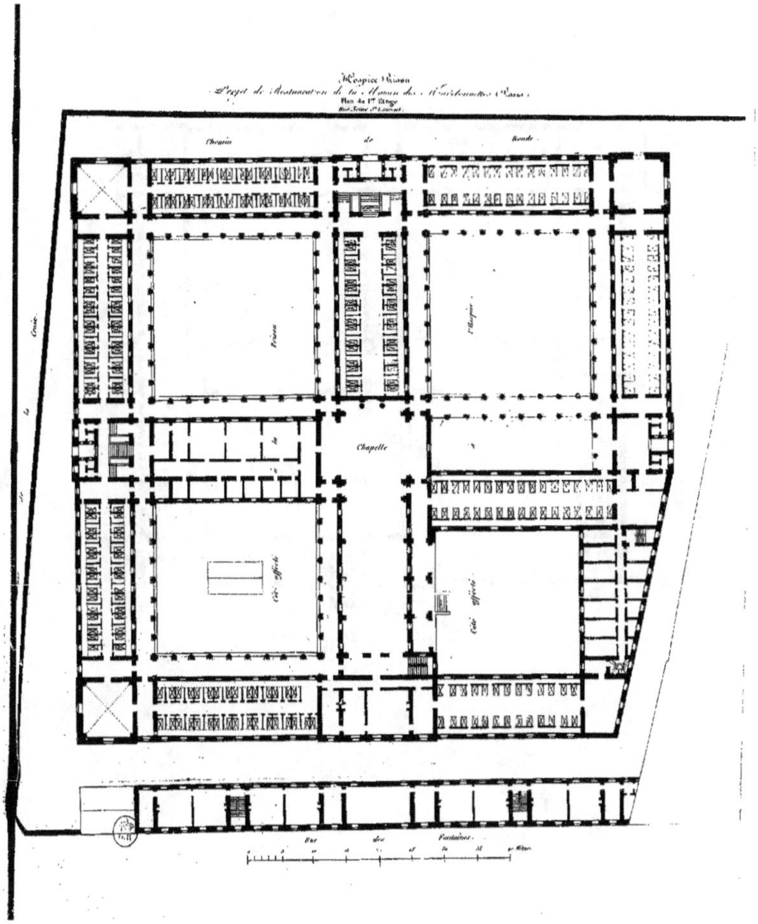

Hospice Rison
Projet de Restauration de la Maison des Incurables (Rue...)
Plan du 1ᵉʳ Étage

Chemin de Ronde

Prison

Hospice

Chapelle

Cés affectés

Cés affectés

Rue des Fontaines

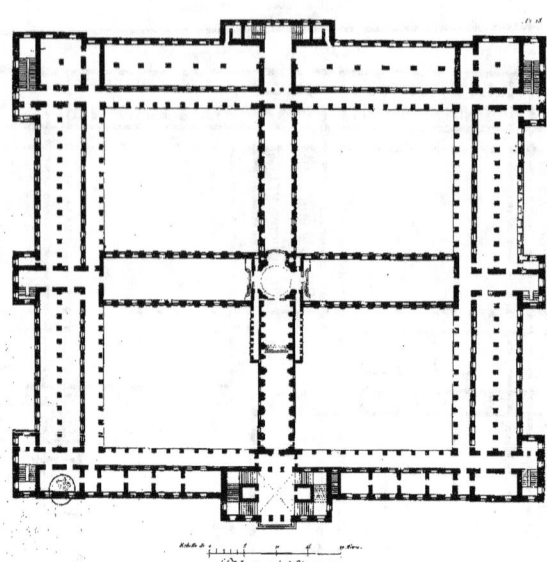

Hospice de Gines.

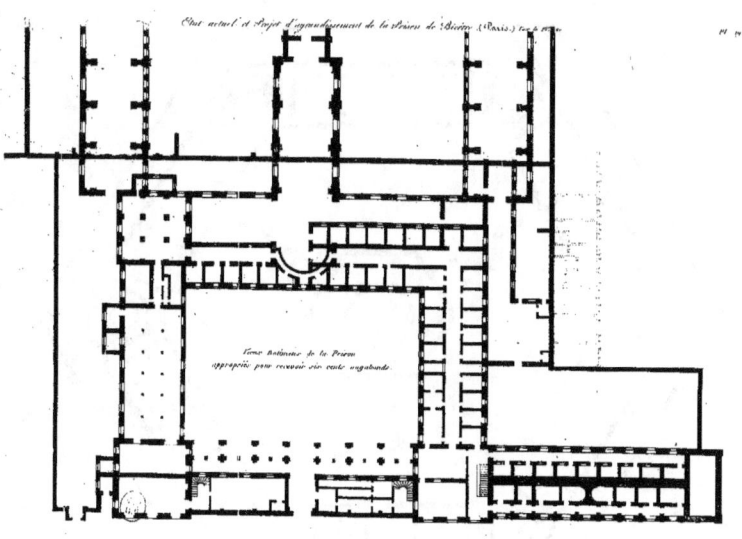

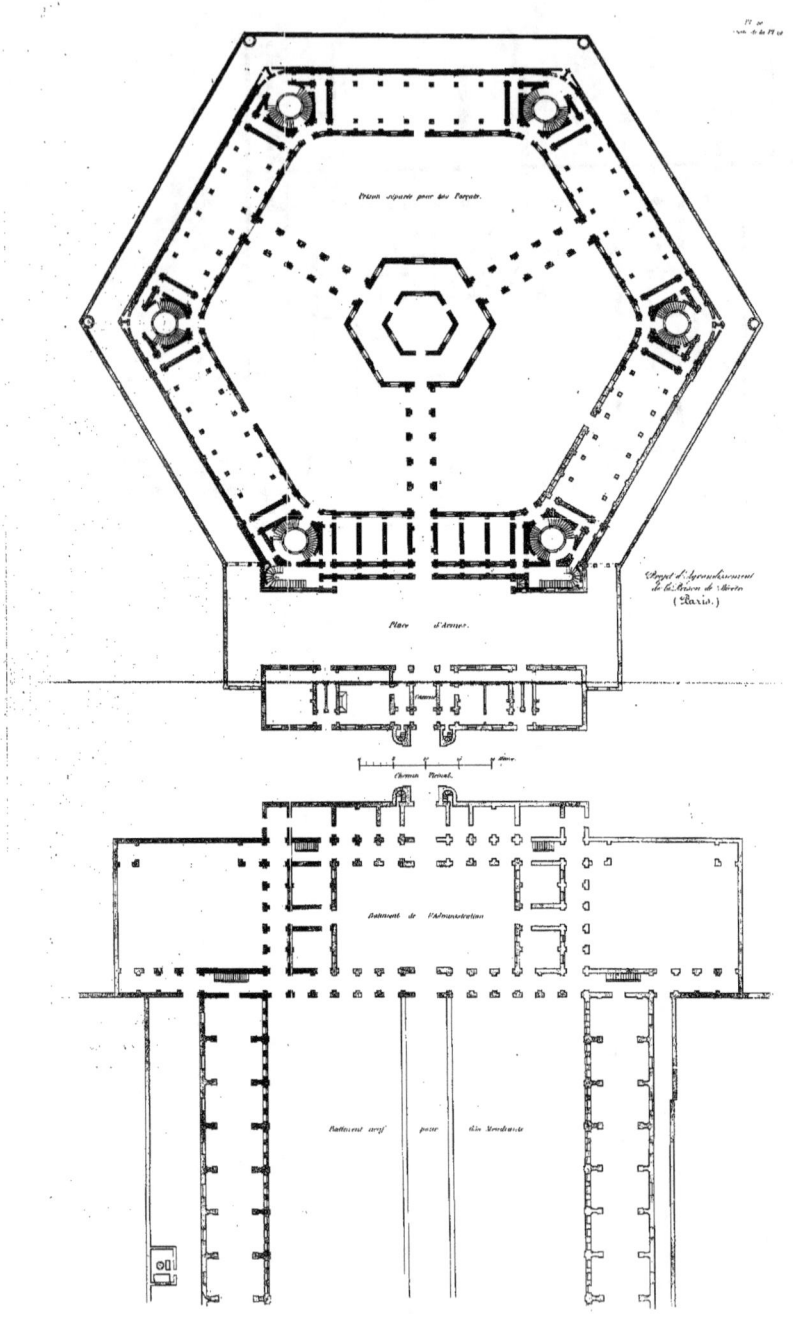

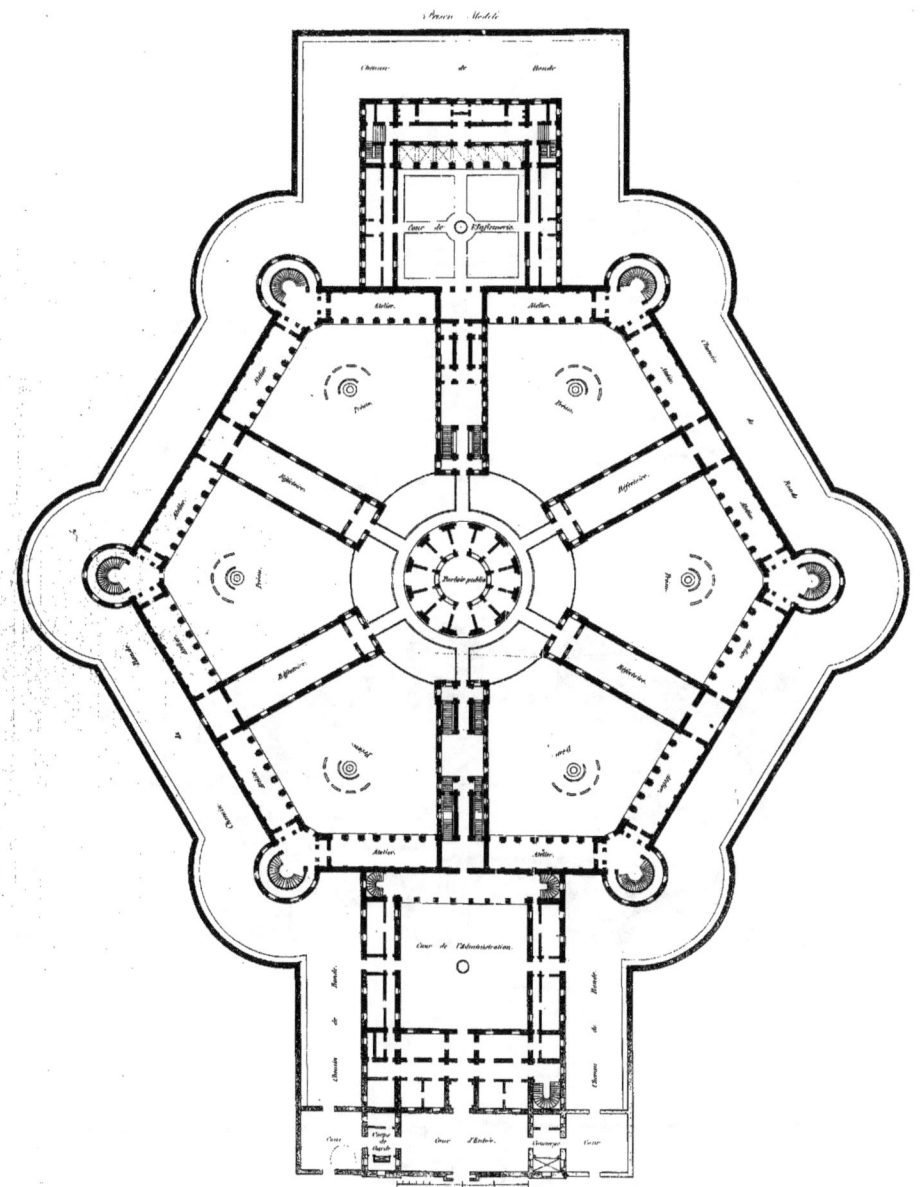

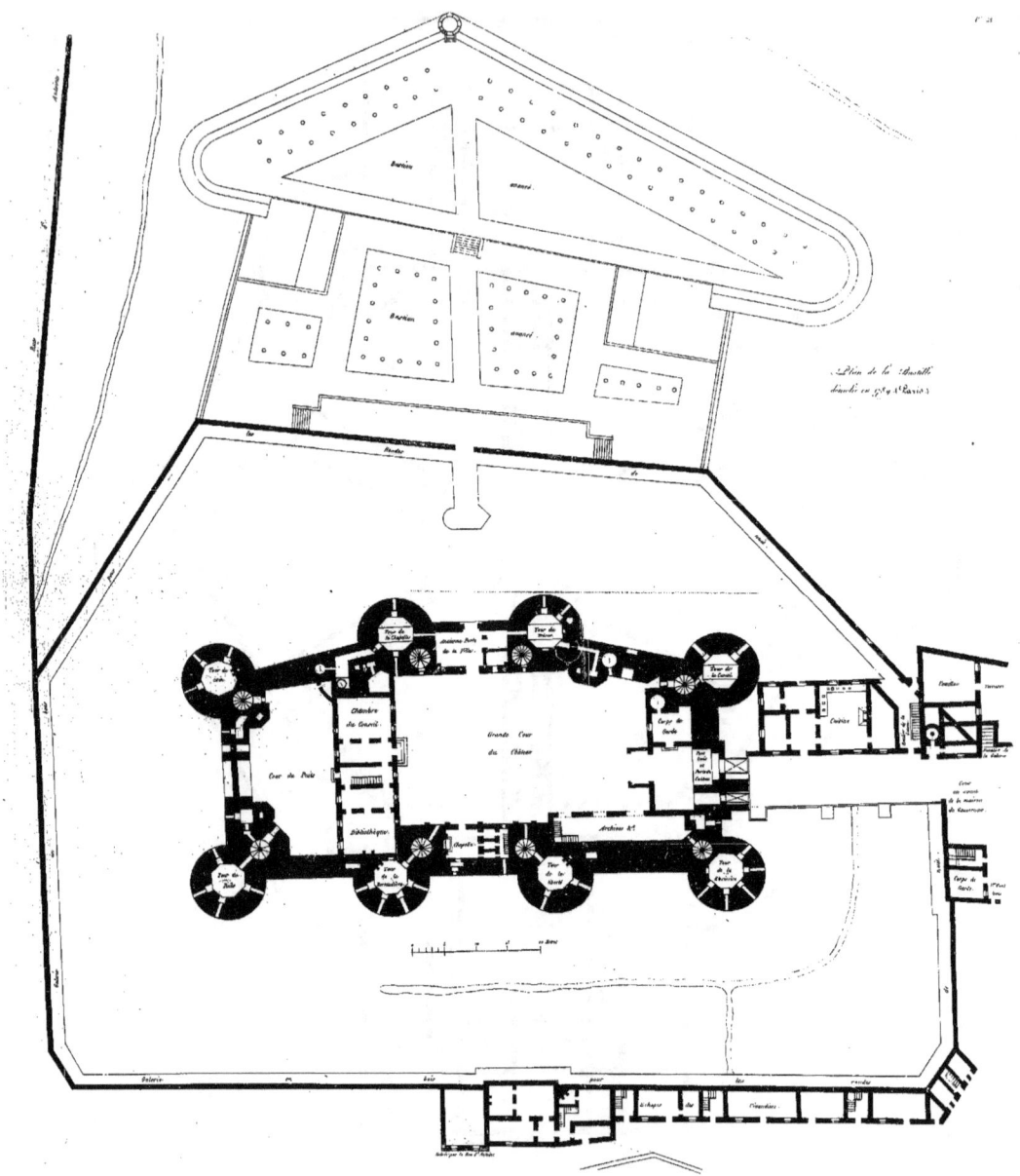

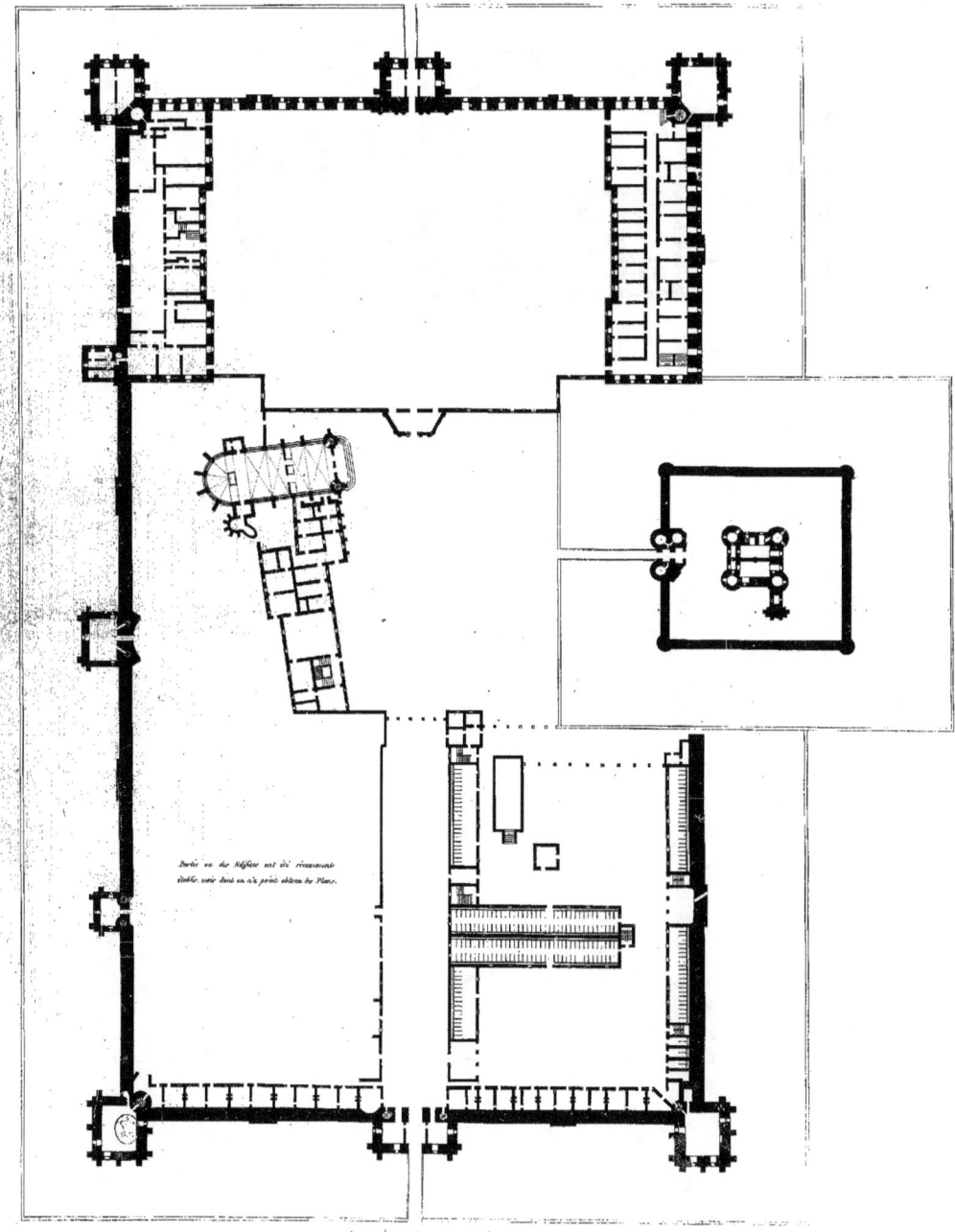

Plan de la Prison de Newgate. (Londres.)

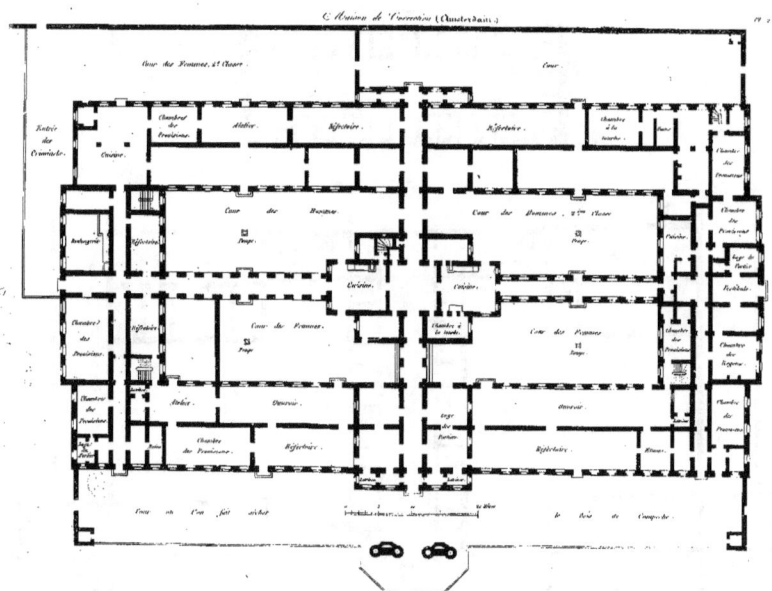

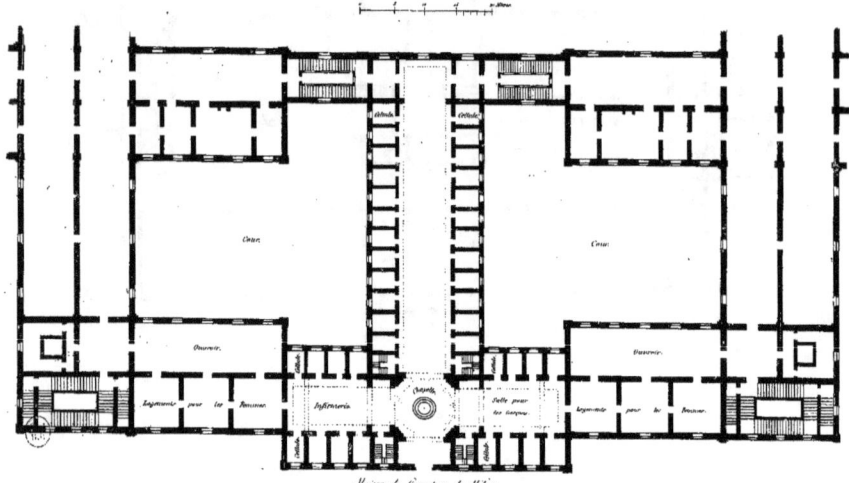

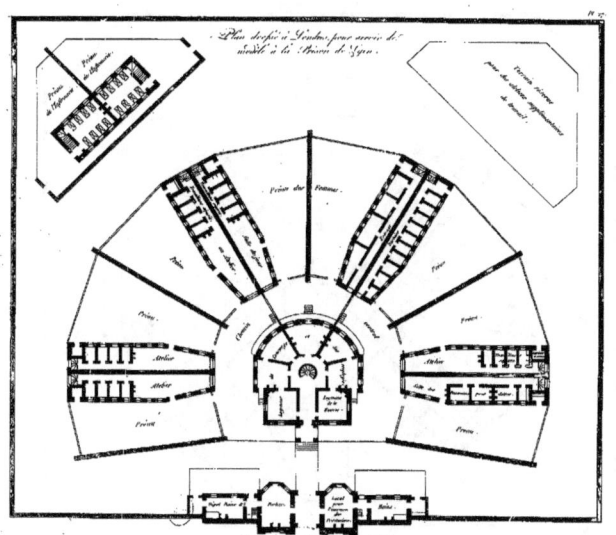

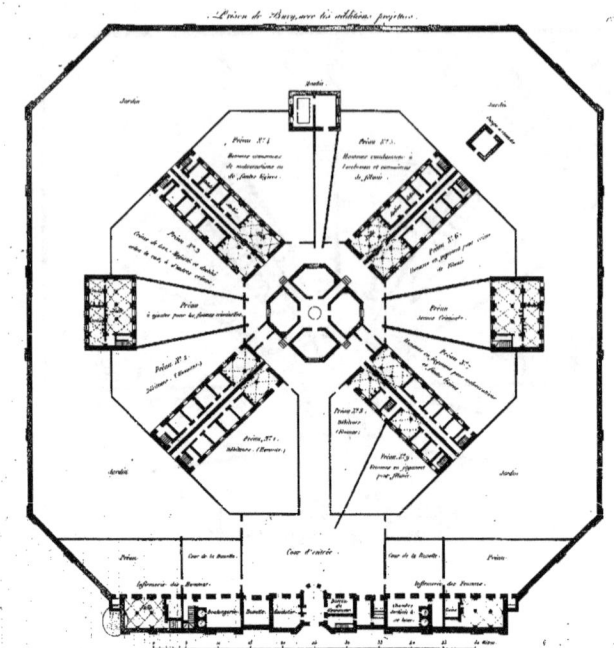

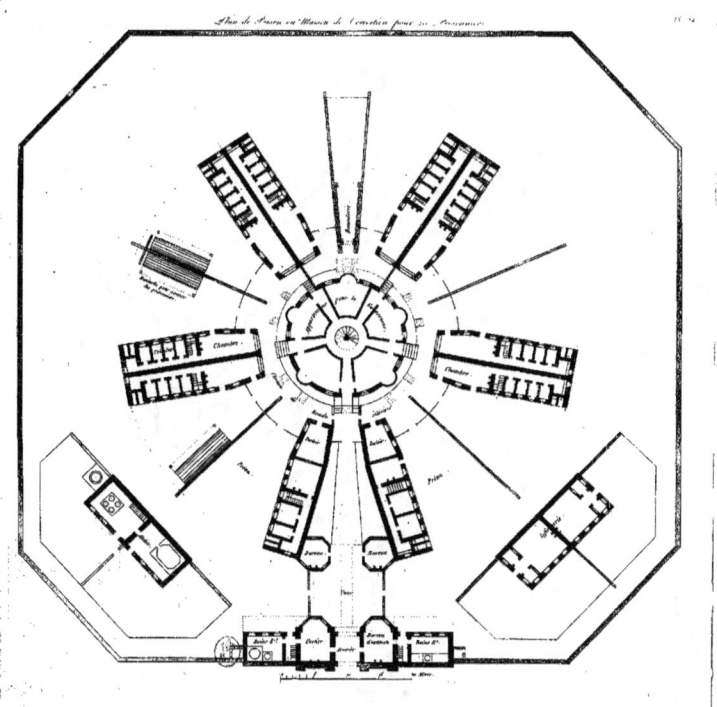

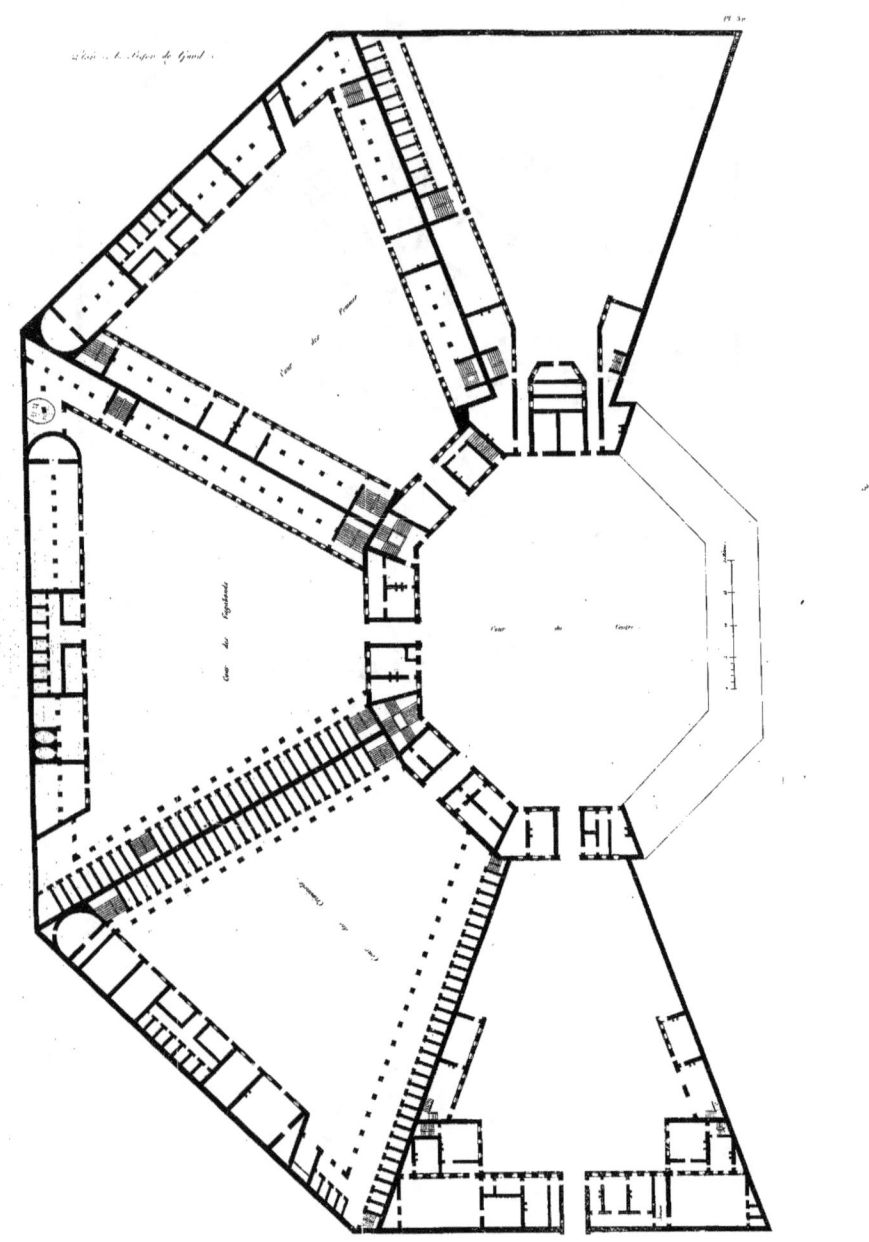

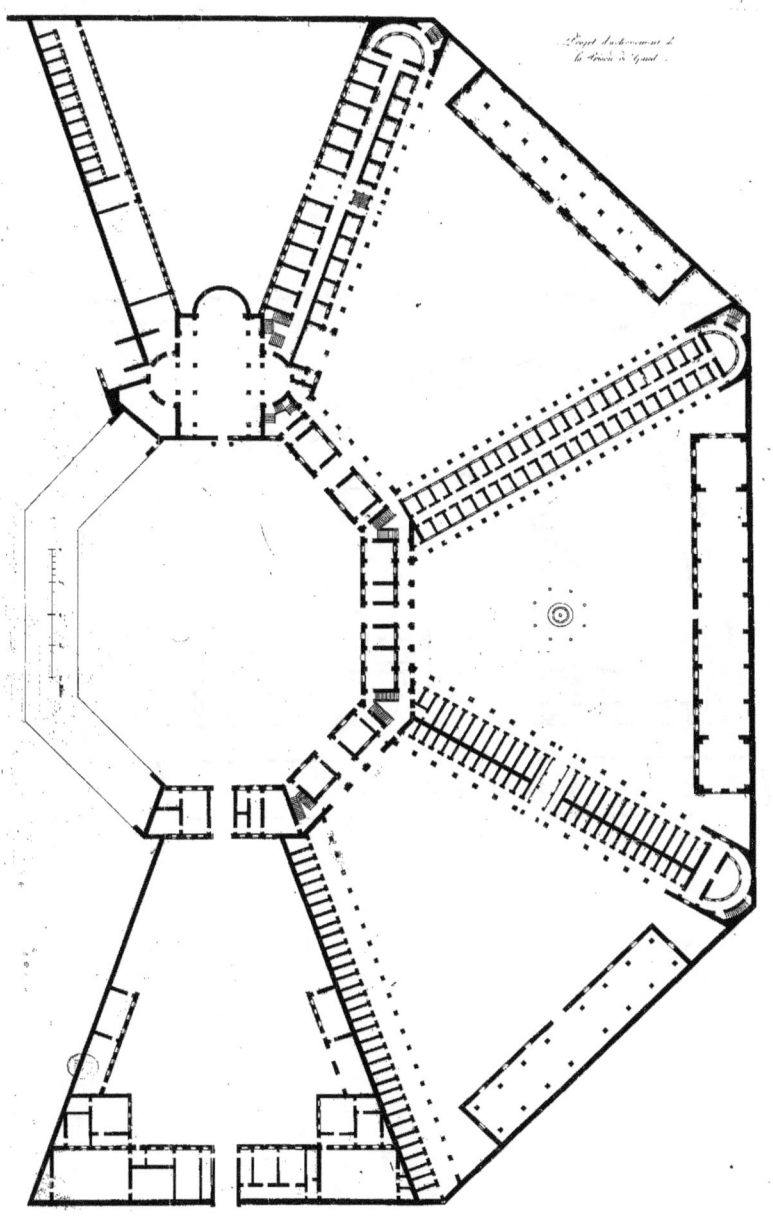

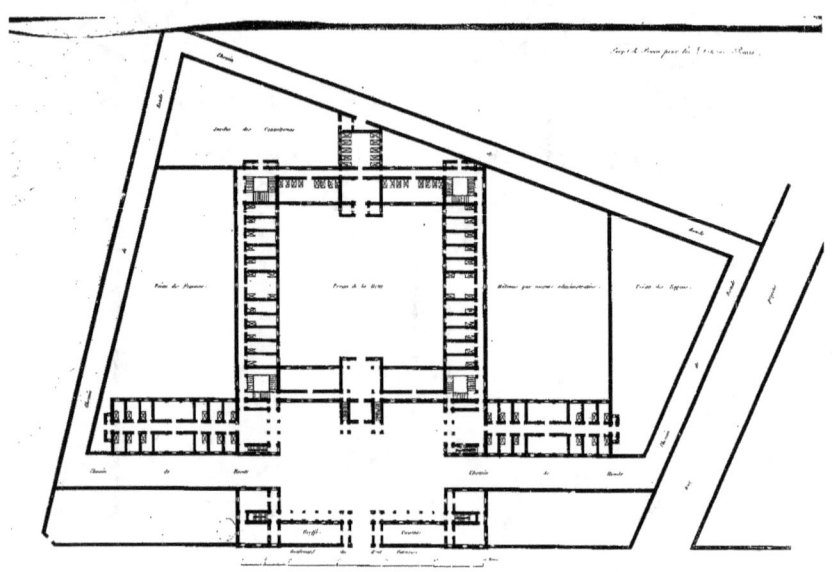

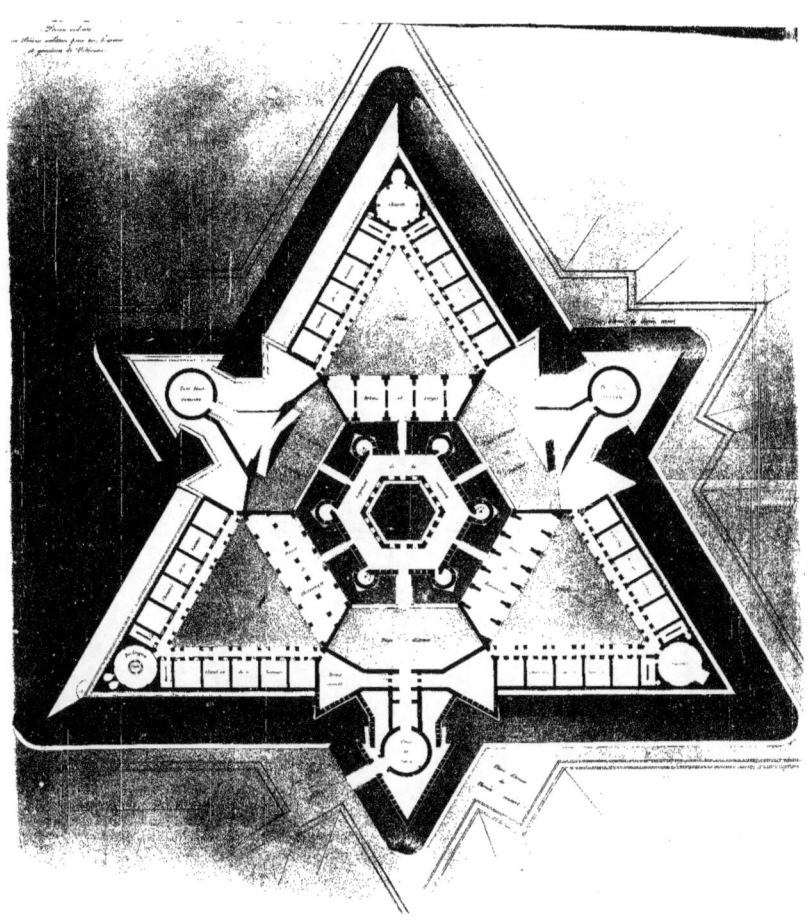

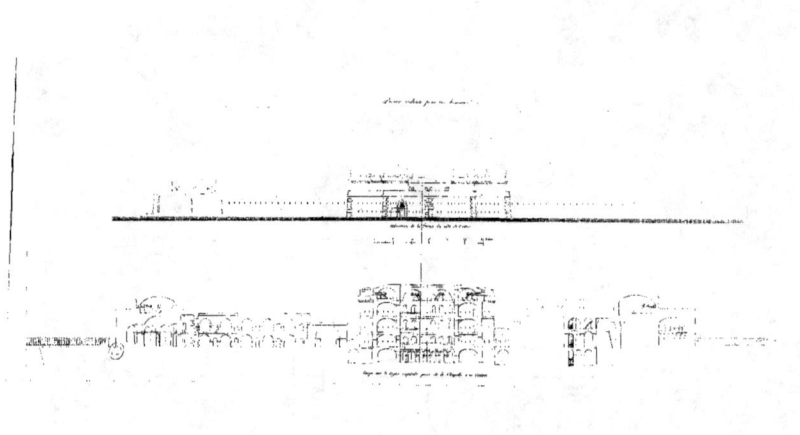

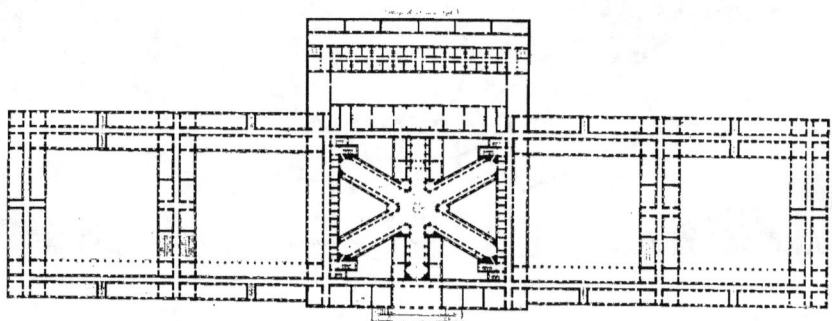

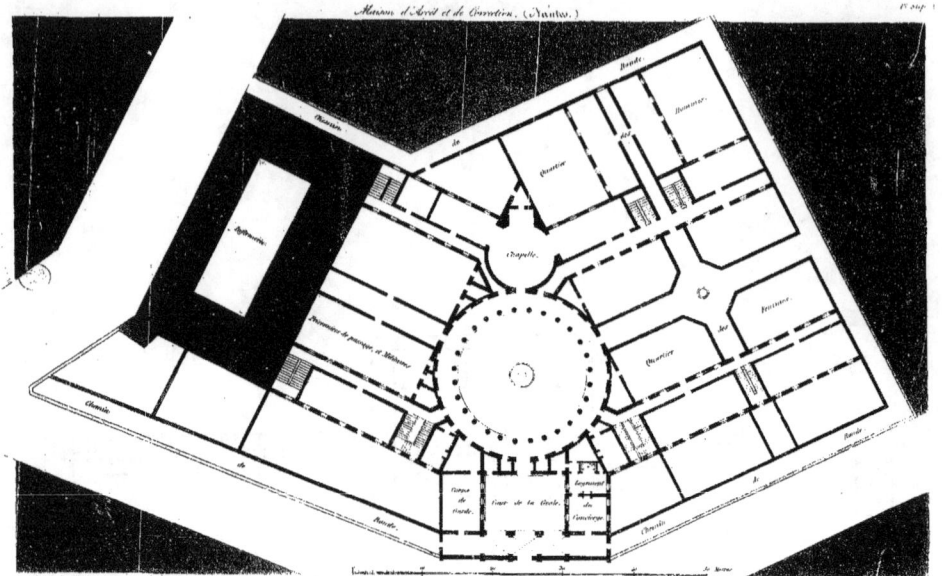

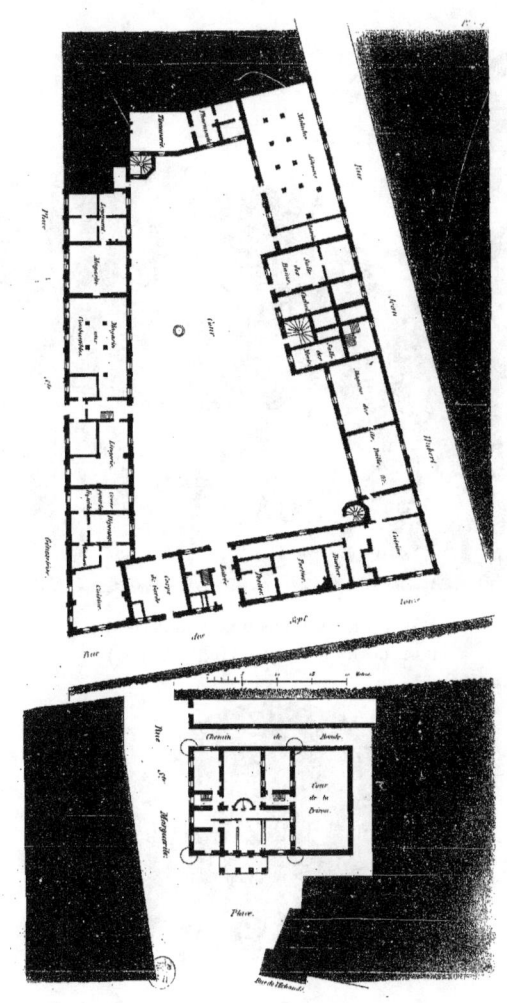

CHATEAU DE LA VILLE DE L'ARGENTIÈRE
VU DU CÔTÉ DE LA PRISON (Dép! de l'Ardèche.)

CACHOT DE LA TOUR

www.ingramcontent.com/pod-product-compliance
Lightning Source LLC
LaVergne TN
LVHW020954090426
835512LV00009B/1892